一般・婚礼・葬祭

宴会サービスの教科書

Banquet
Bridal
Memorial

NPO法人 日本ホテルレストラン経営研究所 理事長　大谷　晃

BIAブライダルマスター　遠山詳胡子

日本葬祭アカデミー教務研究室　二村祐輔

協力／一般社団法人　全国サービスクリエーター協会

NPO法人　全国ホテル＆レストラン人材協会

一般社団法人　ホスピタリティ人材協会

本書は「バンケットサービスマニュアル」を最新の情報を基に改稿、大幅に加筆、改題したものです。

はじめに

世の中にはいろいろな仕事があります。

一人でする仕事、他の人とする仕事。

ものと向き合う仕事、人と向き合う仕事。

レストランや宴会（バンケット）でのサービスは、スタッフと共に、お客様と向き合いながらこなす仕事です。決して一人で黙々とこなせる仕事ではありません。

ゆえに、一緒に仕事をする上司やスタッフと連携するための人間関係力がもとめられます。

お客様に十分に満足していただくための技能も求められます。

宴会サービスは、会場設営のプラン作りから後片付けに至るまで料飲以外の業務が多く、また一度に多数のお客様のサービスを担当するので、レストランとは全く違ったスキルが加わります。

お客様にとって宴会は特別な時間であるゆえに、失敗が許されないという厳しさもあります。

私はパーティーや結婚式に招かれることがとても多く、日本中の宴会場で数多くの宴会サービススタッフ達を目にしています。ブライダル関係のコンサルタントをしている時には、宴会サービススタッフ達と手を携えながら、一生に一度の佳き日を作り上げています。

そこでいつも感じるのは、宴会サービスの幅広さと奥深さ、そして重要性です。

知識や技能を習得し、それを多くの仲間たちと共有しながらお客様に感動を与えるこの仕事ほど、人間力を高める機会に溢れた職種はないと感じます。

本書では「一般」「婚礼」「葬祭」における宴会サービスの内容をできるだけ分かりやすく伝えられるように心掛けました。ご協力いただきました葬祭のスペシャリスト 二村先生には心よりお礼申し上げます。

サービスの世界に足を踏み入れようとする方、他部署から宴会サービスに異動になった方、レストランウェディングなどの貸し切り営業を担当する方などの参考になれるよう「これまで」構築してきたスキルに加え「これから」求められる「ユニバーサルマナー」などのスキルも加えました。

プロフェッショナルとは、必要な時に、必要なことを、正確に提供できること。

本書がそのお役にたてることを心から願っております。

BIAブライダルマスター

遠山詳胡子

CONTENTS

はじめに　3

第1章・サービスの基本

サービススタッフの基本的マナー　12

●身だしなみ（グルーミング）　12　　●ユニホームのチェックポイント　13

●衛生管理　14　　●食品を取り扱う者の心得　14　　●手洗いの励行　15

接客の基本動作と姿勢　17

●立ち姿（待機の姿勢）　17　　●歩き方　18　　●お辞儀の仕方　18　　●お辞儀の種類　19

●方向の示し方　19

接客用語と言葉使いのマナー　20

●これからの接客用語　22

サービスの基本スキル　23

●トレー・サービス　23　　●サービストレー（お盆）の持ち方、運び方　23

●プレート・サービス　24　　●皿（料理）の持ち方　24　　●皿（料理）の出し方　25

●皿（料理）の下げ方　25　　●プラッターサービス　26　　●サーバーの使い方　26

●スープチューリンによるサービス　28　　●ドリンクサービス　29　　●ボトルによるサービス　29

●ワインの注ぎ方　29　　●お酒の分類　30　　●ワインとは　31

●ワイン造りに使用される主なブドウ品種　32　　●食材に関する用語　34

●西洋料理に使われるソース　37　　●調理方法に関する用語　39

＜コラム＞顧客満足　41

第2章・宴会（バンケット）サービス

宴会サービスとは　44

宴会サービスの心構え　44

宴会セクションの組織と役割　45

●料飲支配人・料飲部長（FBディレクター）　45　　●宴会支配人・宴会課長（バンケットマネージャー）　45

●宴会セールス（バンケットセールス）　46　　●宴会予約　46　　●宴会フロアーマネージャー　46

●宴会場担当キャプテン　46　　●宴会サービス（バンケットサービス）　46　　●調理　47

宴会のスタイル　46

●ディナースタイル（着席形式）　47　　●カクテル・ブッフェスタイル（立食形式）　47

●セダン・ブッフェスタイル（着席ブッフェ形式）　48

●カクテル・サービススタイル（カクテルパーティー形式）　48

●オンテーブル・ブッフェスタイル（卓盛り形式）　48

●カフェテリア・スタイル（カフェテリア形式）　48

宴会サービスの業務　49

テーブル・セッティング　49

●ディナースタイル（着席形式）の場合　49　　●陶磁器類　54

●チャイナ・ウェア類の取り扱いと管理　55　　●グラス・ウェア類の取り扱いと管理　55

●シルバー・ウェア類の取り扱いと管理　56　　●ショープレート（決め皿）のセッティング　57

●ナプキンなどをセットする　58　　●ナプキンの折り方　58

●卓上アイテムをセットする　60　　●ブッフェスタイル（立食形式）の場合　61

宴会のサービスの方法　63

●ロシアン・サービス（Russian service）　63　　●アメリカン・サービス（American service）　63

●ブッフェ・サービス（Buffet service）　63　　●フレンチ・サービス（French service）　63

宴会のテーブルプラン　64

●テーブルの種類　64　　●テーブルプラン　65

宴会フードメニュー　68

●西洋料理　68　　●中国料理　68　　●日本料理　68　　●和洋中などの折衷料理　69

宴会の種類　69

●一般宴会・集会　69　　●企業宴会・集会　72　　●ブライダル　75　　●コンベンション　76

＜コラム＞ＭＩＣＥの開催・誘致の推進　77

●その他　77　　●主催者による区分け　79

エチケットとマナー　81

＜コラム＞快食するための三つのポイント　82

プロトコールの５原則　82

会場設営　84

●国旗　84　　●席次　88

宴会サービスの業務　90

宴会サービスの役割　90

宴会サービスの手順　90

　●宴会開催当日までの業務　92　　　●宴会開始直前の業務　95　　　●宴会開宴中の業務　97

　●料理別料飲サービス　98　　　●サービスの手順　99　　　●サービスのポイント　100

　●宴会終了後の業務　101　　　●会場撤去に続く設営業務　102

　＜コラム＞高齢者や身障者向けのサービス　103

　＜コラム＞災害時のサービス　104

第3章・婚礼（ブライダル）サービス

ブライダルとは　106

ブライダルサービスの心構え　106

ブライダルの流れ　107

ブライダルサービスの業務　108

　●婚約までの業務　108　　　●お見合い　109　　　●両家顔合わせ　111　　　●結納　113

　●結納の準備　114　　　●結納品　115　　　●関東地方　116　　　●関西地方　118

　＜コラム＞仲人　109

　＜コラム＞簡略化　120

　●進行　120　　　●仲人を立てない場合　120　　　●仲人を立てる場合　122　　　●結納後　124

　●食事後　125　　　●仲人への御礼　125

　＜コラム＞婚約パーティー　125

結婚式会場が決まるまでの業務　126

　●ブライダルフェア　127　　　●ブライダルフェアサービスのポイント　127

挙式・披露宴サービスの業務　128

挙式・披露宴サービスの流れ　128

　●準備　130　　　●発注・手配　132

　＜コラム＞区別するサービス　132

　＜コラム＞サービスの創造　132

　●直前チェック　133　　　●引出物　135　　　●持込み品　135　　　●会場設営　136　　　●設備点検　136

　●会場コーディネイト　137　　　●テーブルプラン　137　　　●テーブルコーディネイト　141

　●テーブルセッティングの順番　141

挙式　142

　●お出迎え　142　　　●親族控え室　143　　　●挙式会場へのご案内　144

●キリスト教式案内の一例　144　　　●神前式案内の一例　146　　　●親族紹介　149　　　●集合写真　150

＜コラム＞友人知人の参列　148

＜コラム＞行方不明　148

披露宴　151

●披露宴での業務　152　　　●受付説明　152　　　●説明のポイント　153　　　●迎賓　155

＜コラム＞レシーピングライン　155

●披露宴でのサービス　156　　　●披露宴サービスのポイント　157　　　●披露宴開宴　157

●新郎新婦入場　158　　　●開宴の辞　159　　　●新郎新婦紹介　159　　　●主賓祝辞　159

●ウェディングケーキ入刀　160

＜コラム＞ファーストバイト　161

●乾杯　161　　　●歓談と食事　161　　　●お色直し退場　162　　　●お色直し　162　　　●ＤＶＤ放映　163

●再入場　163　　　●祝辞　164　　　●余興　164　　　●祝電披露　164　　　●引出物配布　164

●お子様からの花束贈呈　165　　　●花嫁の手紙　165　　　●親御様への花束贈呈　166

●謝辞　166　　　●送賓　167　　　●お開き後　167　　　●媒酌人夫妻お見送り　167

●お預かり品引き渡し　167　　　●新郎新婦お見送り　168

第4章・結婚式の基礎知識

結婚式とは　170

●結婚の定義　170　　　●結婚式の歴史　171　　　●結婚式のトレンド　172

●結婚式の日程　173　　　●六曜　173

結婚式会場・披露宴会場　174

●神社・教会・寺院　175　　　●ホテル　175　　　●会館　175　　　●レストラン・料亭　175

●ゲストハウス　175

挙式のスタイル　175

●キリスト教式　176　　　●キリスト教とは　176　　　●カトリック　176　　　●プロテスタント　176

●カトリックとプロテスタントの違い　176　　　●キリスト教（プロテスタント）挙式の流れ　177

●ウェディング・パーティー　178　　　●ライスシャワー　178　　　●フラワーシャワー　178

●エスコート役　178　　　●神前式　179　　　●衣裳　179　　　●式次第　179　　　●玉串拝礼　180

●神社・神殿以外の神前挙式　181　　　●人前式　181　　　●式次第（例）　181

関連商品　182

●披露宴の司会　184　　　●演出　185

7

第5章・葬祭（メモリアル）サービス

メモリアル・バンケットとは　188

メモリアル・バンケットに必要な言葉の定義　188

お葬式の「場」の変遷　189

葬祭における「食」の捉え方　190

●共食概念とは　191

＜コラム＞「通夜振る舞い」の意味と意義　191

伝統的葬儀　192

仏式葬の式次第と飲食　192

仏式葬の式次第概要　192

●通夜勤行　193　　●葬儀勤行　193　　●一般告別式　193

＜コラム＞葬儀と告別式　194

＜コラム＞火葬中　195

神葬祭の式次第と飲食　195

●通夜祭並びに遷霊祭（葬場祭前日）　195　　●葬場祭（葬儀・告別式）　196

キリスト教葬の式次第と飲食　197

カトリックの葬儀（昇天）ミサ進行　197

●前夜式（通夜）　197　　●昇天式（葬儀・告別式）　198

＜コラム＞キリスト教の香典返し　198

プロテスタントの葬儀（召天）進行　199

●召天式（葬儀・告別式）　199

＜コラム＞召天記念日　200

葬祭サービスとは　201

３つのサービス　201

葬祭パーティーとは　203

葬祭パーティー（告別式・お別れの会）　204

＜コラム＞葬祭カウンセラー　204

●パーティーの構築　205　　●セレモニー　205　　●会食　206　　●遺骨・位牌・遺影　207

＜コラム＞本葬　207

●ケータリング　208

Q＆A　209

　●食事に赤が入っていいのか？　209　　●お箸は祝い箸でいいのか？　209

　●お土産で避けた方がいいものは？　209

新しい葬祭の提案　210

ライフ・メモリアル　210

プレ葬祭　211

　＜コラム＞生前葬　212

お祝いを兼ねた、プレ葬祭　212

　●想定　212　　●事前準備　213　　●式次第　214　　●宴会後　215　　●提案コンセプト　215

　＜コラム＞「その時のための献花」という演出　215

スペシャリストの養成　216

葬祭サービスの業務　217

打ち合わせ　217

　●テーブルセッティング　217　　●テーブル上は会食の形式に応じて準備　218

　●ＢＧＭの選曲　218　　●照明の演出　218　　●事前ミーティング　218

当日の実働事例　配置図と動線　219

献花などの拝礼　219

　●献花拝礼の作法　219

スタッフの立ち振る舞い　220

　●パーティー会場における「空気」をスタッフはどのように構築するか　220

結婚式とお葬式の変遷　221

時間経過から見た同一性　221

第６章・ユニバーサルマナー

ユニバーサルマナーとは　224

肢体不自由　225

　●杖　225　　●歩行器　225　　●車椅子　226　　●車椅子を押す　226

　●段差でのサポート　226　　●その他の注意点　227　　●宴会場での案内　228

　＜コラム＞車椅子での登壇　227

視覚障害　228

●お声がけ　228　　●移動時のサポート　229　　●段差や階段でのサポート　229

●宴会場での案内　229

＜コラム＞あるホテルマンの挑戦　230

聴覚障害・言語障害　230

●サポート　231　　●ブライダルシーン　231

＜コラム＞愛すべきルール違反　232

参考文献　232

おわりに　234

一般社団法人　全国サービスクリエーター協会

　昭和28年7月設立。厚生労働省からの支援の下、配ぜん業務に従事する方々の福祉の増進と、求人者に対するサービスの向上を図ると共に、配ぜん人紹介所の健全な発展を図ることを目的としている全国組織。本書の制作協力もその活動の一環である。会員は北海道から沖縄まで、29都道府県、約100社におよぶ。詳しい活動内容はホームページをご確認願います。https://www.ajcc-net.jp

特定非営利活動法人　全国ホテル＆レストラン人材協会

　平成17年12月設立。厚生労働省より民営職業紹介事業・労働者派遣事業の許可を受けた都内優良企業を中心とした会員からなる協会です。各会員企業では、料飲関係企業の皆様へはニーズにあったスタッフを紹介・派遣などのシステムをもってお応えし、料飲関係企業でのお仕事をお探しの皆様へは、首都圏・主要都市での主要ホテル・会館・レストランなどでのお仕事をお世話しております。AHAは、ALL JAPAN HOTEL＆RESTAURANT TALENT ASSOCIATIONの略称です。https://npoaha.com/

一般社団法人　ホスピタリティ人材協会

　ホスピタリティ人材にかかわる事業者のための団体です。当協会の核心は、鹿鳴館時代に端を発するおもてなし文化です。その継承、それを日々実践するホスピタリティ人材の保護、それらホスピタリティ人材をとりまとめる事業者の発展です。様々な活動を通じ当協会の信念を形にして、当該業界に貢献することでたくさんのエンドユーザーが喜んでいただける時間を提供することを目指して参ります。AHJ一般社団法人ホスピタリティ人材協会は2021年に名称を変更いたしました。前身は2020年発足のAJSCC一般社団全国SC連絡協議会です。その対象もウェイター、ウェイトレスの配ぜん職種だけではなくホスピタリティ産業に従事する方々を抱える企業を対象に、協会の目的と名称を変更いたしました。https://ahj.coach/

第 1 章
サービスの基本

サービススタッフの基本的マナー

　サービススタッフはお客様に快適で楽しいひとときを提供することが使命です。

　それにはサービス技術の習得もさることながら、接客に際しては清潔に身だしなみを整え、正しい動作や言葉遣いで対応することが必要となります。

　ここでは、サービススタッフが身に付けるべき基本的マナーについて学習しましょう。

身だしなみ（グルーミング）

　清潔で好感がもてる服装や身だしなみをすることは、社会人として当然のマナーです。

　特に飲食物を扱うサービス業に従事するサービススタッフは、常に心身ともに清潔感のある身だしなみが要求されます。通常、ホテル、式場等では身だしなみについての基準があり、これは格式の高いホテルや式場ほど厳格です。

身だしなみのポイント

・毎日入浴し、下着を交換し、体臭に気をつけましょう。

・頭髪は常に清潔しに、フケ、かゆみ、臭気などに気をつけ、香りの強い整髪料の使用はさけましょう。

・サービス前、食事の後は必ず歯を磨き、口臭には注意しましょう。特に喫煙の習慣のある者は、口臭のみならず、手指やユニホームに臭いが移るので、良く手を洗い、喫煙時はユニホームを脱ぐなどして気を配りましょう。

・にんにくやニラ、ネギなど臭いの強い食べ物は控えましょう。

・顔色も重要です、寝不足や極度の日焼けにも十分気をつけましょう。

・メガネや時計、筆記用具にも気を配り、あまり派手な物や高価な物、ダイバーズウォッチ、キャラクター物は避けましょう。

●男性編

・ヘアースタイル　　―　短めにし、お客様の前に出る際はきちんと整えましょう。

・耳　　　　　　　　―　耳の後ろまで清潔にしましょう。

・鼻毛　　　　　　　―　伸びていないか定期的に点検しましょう。

・ひげ　　　　　　　―　毎日、丁寧に剃り、剃り残しがないか点検しましょう。

・口臭　　　　　　　―　不快な臭いがしないか点検しましょう。

・手指、爪　　　　　―　爪は短くし、指先の汚れやささくれ、アカギレ、傷などに注意し、常に清潔に心掛け、冬場の乾燥による手荒れにも注意しましょう。

・口びる　　　　　　―　特に冬場は乾燥等により口びるが荒れていないか点検し、場合によってはリップクリームを携帯しましょう。

●女性編

- ヘアースタイル ── 長い場合は束ねるか、ネットに入れるか、アップにするなどしてまとめます。カラーリングは職場の規定に合わせましょう。夜会巻、シニョン等、指定がある場合はしっかりとまとめ、ピンを使う場合も派手な物は避け、フケやほこりにも気をつけましょう。
- 口臭 ── 不快な臭いがしないか点検しましょう。
- 化粧 ── 厚化粧、ノーメークは不可です。上品な印象を与えるメークを心掛け、香りの強い化粧品は避けましょう。肌荒れや口びるの乾燥にも気を配りましょう。
- 手指、爪 ── 爪は短くし、指先の汚れやささくれ、アカギレ、傷に注意し、常に清潔に心掛け、冬場の乾燥による手荒れにも注意しましょう。また、マニキュアは原則禁止ですが、職場によってはナチュラルな色や透明なものは可とする職場もあります。
- 香水 ── 使用は避けましょう。
- アクセサリー ── 指輪、ピアス、イアリング、ブレスレット等、勤務中はすべて外します。結婚指輪や地味目のピアスのみ許可している職場もあります。

ユニホームのチェックポイント

●全体
- 常に清潔に保たれているかを点検し、定期的にクリーニングに出しましょう。
- ボタンが取れていないか、はずれていないかを点検しましょう。

●上着、ワイシャツ、ブラウス
- 上着のボタンは全てとめましょう。
- ワイシャツやブラウスは、常に清潔なものでシワがよっていない物を着用しましょう。
- 蝶ネクタイやネクタイは、まっすぐに形よく締め、襟元にネクタイがぴったりと収まるように締めましょう。
- ポケットはあまり膨らまない様、必要以上な詰めすぎには注意して下さい。
- ネームプレートはまっすぐ、正しい位置についているか点検しましょう。

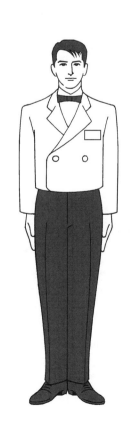

●ズボン、女性用パンツ、スカート
- ズボン（パンツ）は真っ直ぐな折り目がついたものを着用しましょう。
- 着用したときスカートの裾が折れ上がっていないか点検しましょう。

●エプロン、サロン、タブリエ

・汚れやシミ、シワがないか点検しましょう。

・結び目は真っ直ぐに、縦結びになっていないか注意しましょう。

●靴、靴下、ストッキング

・靴はきちんと磨いておきましょう。

・かかとをつぶさないようにしましょう。

・靴ヒモがゆるんでいないかを点検しましょう。

・靴下は毎日交換し、男性の場合は無地の黒か紺です。

・ストッキングはベージュ系を着用しましょう。

・ストッキングの伝線やたるみがないか点検し、予備も用意しておきましょう。

サービス時の所持品

・ハンカチ（携帯用ティッシュペーパーがあると尚、良いでしょう）

・ノック式ボールペン（シンプルな派手でないもの）

・メモ帳（手のひらサイズの地味目な色のもの）

・オープナー（栓抜き）またはソムリエナイフ

・トーション（アームタオル）

・腕時計（キャラクター物やダイバーズウオッチ、高級品は避けましょう）

衛生管理

食品を取り扱う者の心得

　消費者に提供される食品は、健康な生活者により衛生的に管理された施設で衛生的に取り扱われることが必要です。

　食品を取り扱う者は、日頃から健康診断を積極的に受け、また、清潔を保持することを心掛け、特に感染症等に感染した場合、手指等が怪我などのため化膿している場合等は事故の発生を防止するために食品を取り扱ってはいけません。

　また、食品の衛生を保持するため、手洗いの励行や清潔な作業衣を着用するとともに、不衛生な行為を慎むよう心掛けなければなりません。

●注意事項

・髪は整髪して清潔にしましょう。

・ひげ、鼻、口、耳には作業中、手または食品取扱い器具で触れないようにしましょう。

・必要な時は、マスクをしましょう。

・無精ヒゲは生やしません。

・清潔な作業着を着用しましょう。

・爪は短く、指輪、時計をはずし、手をきれいに洗いましょう。

・盛りつけ等防護されていない食品上でくしゃみ、咳をしてはなりません。

・食品取扱者は、所定の場所以外では着替え、喫煙、飲食等を行いません。

・靴は、作業場では屋外で履くものと区別し、清潔で衛生的なものを履きましょう。

手洗いの励行

手指は、食品と直接、接する機会が多く、黄色ブドウ球菌による食中毒等、手指を汚染源とする食中毒等、手指を汚染源とする食中毒を予防するために、常に手指を清潔に、かつ衛生的に保つことが必要です。

正しい手洗い洗浄消毒の手順

①30秒程度の時間をかけて、しっかり洗う。

②指輪・時計を外し、水で十分に濡らし、手洗い用石けんを手につけ、十分泡立たす。

③手のひらと甲を5回以上洗う、指の間、親指、指先を5回以上洗う。または、爪ブラシを使って丹念にこする。手首までしっかりと洗う。

④流水で十分に石けんを洗い流す。

⑤最後にペーパータオルでしっかりと手を拭き、アルコールをしっかりと噴霧し、乾燥するまでしっかり揉み込む又は温風で手を乾かす。

どんな時に手洗いをするか？

普段、何気なく手を洗っていますが、手には食中毒菌や色々なウィルスが付いていることがあるので、きちんと手を洗うことが食中毒やインフルエンザの予防になります。

・職場に出勤した際。

・業務を始める前。（特に調理を始める際）

・調理中に卵や肉、魚などを触った際。

・食事を食べる前。

・トイレから出た後。

・喫煙した後など。

一般的に食中毒とは、飲食物を介して体内に入った病原菌や有毒、有害な化学的物質により起こるもので、比較的急性の消化器症状（腹痛、下痢、嘔吐など）を主とする健康障害です。
　また、強い感染力を持つ食中毒にも注意しなくてはいけません。

　国家資格で食品衛生責任者の資格があります。
　店舗経営を将来計画している方やしっかりと食品衛生について学びたい方は（衛生法規―2時間、公衆衛生学―1時間、食品衛生学―3時間、小テスト）講習を受講すれば修了書が交付されますので、ぜひチャレンジしてみて下さい。

■食中毒の分類と原因となる食品

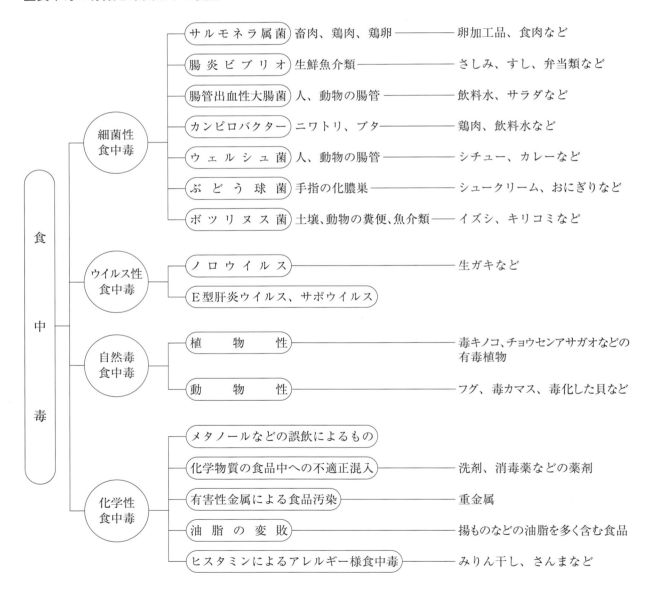

接客の基本動作と姿勢

　お客様の満足とは、お客様が満足してお帰りになり、また利用したい、身内や知人にも紹介したいと思って頂ける事がベストなサービスです。

　お客様が望むサービスとはハードウェアや料理もさることながら、ソフトウェアであるスタッフの接客・接遇、サービス技術、ホスピタリティーマインドにも重点をおいているのです。つまり、正しい接客の基本動作と姿勢を知り、身に付けると共に清潔感のある、好感のもたれる笑顔を意識し、きめ細やかな気配りで、お客様それぞれのニーズに応えるサービスの提供を心掛けなければいけません。

立ち姿（会場内の待機の姿勢）

・お客様の要望があれば速やかに行動できるよう、常に周囲に気を配ります。
・顔を真直ぐに向け、あごを自然に引き、口角をあげ、目線は水平にテーブル上へ。
・お客様に緊張感を与えない様、視線を直接向けてはいけません。
・背筋、鼻筋、首筋、膝をビシッと伸ばし、胸は張りすぎず、前傾5度くらいで。
・お腹とお尻を引き締め、重心を腰におき、両脚の膝とかかとを付け、つま先はげんこつ一つ半から二つ位で。
・手前下は手の指は揃えて左手を前にして重ねます。トーションの持ち方は職場のルールに従います。
・柱や壁にもたれかかったり、足を交差させたり、手をブラブラさせてはいけません。

歩き方

・背筋を伸ばし、あごを少し引き、うつむかず顔を前に向けます。
・静かに歩く事を心掛け、足音を立てたり、ベタ足にならないようかかとを上げます。
・身体が上下左右にゆらゆら揺れない様、直線上を踏むように足を動かします。
・お客様をご案内する際は、速足にならず、2～3歩先を先導する様に歩きます。
・お客様や他のスタッフの動きに気を配り、ぶつからない様に気を配ります。
・急いでる場合でもすみやかにリズミカルに歩き、決して走りません。

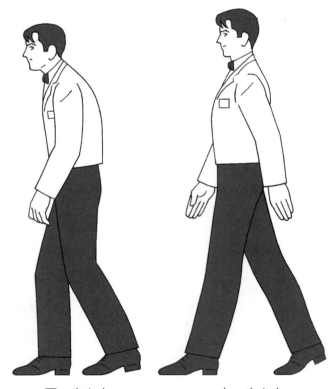

悪い歩き方　　　　　良い歩き方

お辞儀の仕方

・手前下の状態で背筋をのばし、両足を揃え、お客様の目を見てから行います。
・頭を下げようとせず、腰から折り曲げます。
・お客様より先にお辞儀をし、お客様より後にゆっくりと直ります。

お辞儀の種類

① 礼（会釈）１５度
・上半身は起こした状態でお尻を後ろに突き出す感じで15度、
  （約１秒）折り曲げます。
・お客様とすれ違う際やエレベーター等の狭い空間で一緒に
  なった際は「おはようございます」「いらっしゃいませ」
  等の挨拶の言葉と同時に、微笑をもって行います。

② 敬礼　３０度
・上半身は起こした状態でお尻を後ろに突き出す感じで30度、
  （約２秒）折り曲げます。
・ロビー、クローク、宴会場でお客様をお迎えする際、また、
  お見送りする際等、「いらっしゃいませ」「お待ちしており
  ました」等の言葉と同時に、微笑をもって行います。

③ 最敬礼　４５度
・上半身は起こした状態でお尻を後ろに突き出す感じで45度、（約３秒）折り曲げます。
・通常はVIPへのご挨拶、お迎え、お見送りや謝罪等の場面で行います。

方向の示し方

・手は握らず、自然に指先を揃えて伸ばし、方向を指します。
・人差し指でメニュー、人、物、方向などを指さず、手のひら全体で示します。
・指示した方向に視線を向けた後、お客様を見て納得されたか確認をします。

接客用語と言葉使いのマナー

　お客様に対しては、接客業ならではの表現を用いて、敬語でお話しします。接客の基本用語には以下のようなものがありますが、状況に応じてこれらの言葉を使い分けることが基本となります。そのためには、言葉の意味をしっかりと理解し、言葉にふさわしい口調や態度、表情でお客様に接することが求められます。

●接客の基本用語

「いらっしゃいませ」

「(はい)、かしこまりました」

「失礼いたします」「失礼いたしました」

「恐れいります」

「少々お待ちくださいませ」

「お待たせいたしました」

「ありがとうございました」「ありがとうございます」

「申し訳ございません」

●出退勤のあいさつ

「おはようございます」

「お先に失礼致します」

「お疲れ様でした」

●言葉使いの基本的マナー

□普段の言葉づかい	□好ましい言葉づかい
お客さん、皆さん	お客様、皆様
僕、僕ら、私、私達	わたくし、わたくしども
連れ、連れの人、同伴者	お連れ様、お連れの方、
男の人、男の客、女の人、女の客、	男性の方、男性のお客様、女性の方、ご婦人
お坊ちゃん、お嬢ちゃん、子供さん	お坊ちゃま、お嬢様、お子様
旦那さん、奥さん	御主人様、奥様
カップルの方、アベックの方	お二人様
団体さん	御一行様
ご老人、お年寄り、年配の人	ご年配の方
あっちの人、こっちの人	あちら様、こちら様

□普段の言葉づかい	□好ましい言葉づかい
「これ」「それ」「あれ」	「こちら」「そちら」「あちら」
「〜です」	「〜でございます」
「そうです」	「さようでございます」
「〜します」	「いたします」
「〜ください」	「〜くださいませ」
「どなたですか?」「誰ですか?」	「どなた様でいらっしゃいますか?」
「知りません」「わかりません」	「存じません」「存じあげません」
「後から〜」	「後ほど〜」
「出来ません」	「いたしかねます」
「言います」	「申し上げます」
「行きます」	「参ります」
「来ました」	「おいでになりました」
「聞きます」	「伺います」「承ります」
「見えた」	「お見えになりました」
「着いた」	「お着きになりました」
「いいですか?」	「よろしいでしょうか?」
「今、いません」	「ただいま席をはずしております」
「わかりました」	「かしこまりました」「承知いたしました」
「すみませんが〜」	「恐れ入りますが〜」
「ごめんなさい」「すみません」	「誠に申し訳ございません」
「ちょっと待って下さい」	「少々お待ちください」
「すぐ連絡します」	「ただいまご連絡いたします」
「すぐ呼んできます」	「ただいまお呼びいたします」
「こちらへ来て下さい」	「こちらへお越しくださいませ」
「席へご案内します」	「お席へご案内いたします」
「どういう用事ですか?」	「どのようなご用件ですか?」
「今、聞いてきます」	「ただいま確認してまいります」
「これにしますか?」	「こちらになさいますか?」
「どうですか?」「どうでしょうか?」	「如何でございますか?」
「もらいます」「受け取ります」	「お預かりいたします」「頂戴いたします」

●これからの接客用語

　接客用語として以前から使われている言葉に「失礼いたします」があります。しかし、最近では、この言葉を使わないホテルや式場も現れています。"失礼なことをして申し訳ありません"という意味のこの言葉が場面によっては的確でないという判断からです。

　接客は欧米から伝わり、接客用語もまた欧米での言葉を日本語に置き換えて用いられてきました。このことが言葉の混同を招いた原因の一つと考えられます。Excuse me も I'm sorry もどちらも意味は「失礼いたします」です。そこで I'm sorry の場面ではないのに「失礼いたします」と言い、いつも謝っている印象を与えてきました。そこで、それ自体が失礼であることから、この言葉を使うのをやめる動きがでてきたのです。

　「いらっしゃいませ」も同様です。欧米では「Good evening」などをさしますが、日本語に訳すと「こんばんは」となり、これではお客様への言葉としてふさわしくないので welcome の意味の「いらっしゃいませ」が使われるようになったのではないかと思われます。しかし、本来の意味からすると的確とは言えません。

　「失礼いたします」「いらっしゃいませ」などに代わる明確な言葉を見つけるのはなかなかむずかしいですが、その場面にふさわしい言葉は何かを考え、的確な言葉を添えてサービスすることもまた、ホスピタリティなのです。

サービスの基本スキル

トレー・サービス

サービストレー（お盆）の持ち方、運び方

　宴会の場合このサービストレーを使うのは、皿盛りの料理、シルバー類の補充時、水割りやソフトドリンク類、ブイヨンカップのスープ、ソルベ（シャーベット）、サラダ、コーヒーカップなどです。

　通常トレーは丸型で直径40センチ程度のものが使用され、ステンレス、銀製、ノンスリップタイプなどがあります。その他、使用目的によって大小各サイズ、長方形、正方形、楕円形のものもあります。
　トレーサービスはサービスの基本です、しかしながら汚損事故の多いのも、トレーサービスです。ここではトレーの持つポイントと注意点を説明いたしますので、しっかりと学習しましょう。

●ポイント
・基本的には左手で持ちます。手のひらの中心がトレーの中心に来るように指をいっぱいに広げ各々の指と手でバランスを取り安定を保つように持ちます。
・トレーを持つ方の肘を90度に保ち、手首が上がらない様、胸よりやや低い位置で持ちます。
・前方に視線を向け、お客様の動きに注意をはらいます。
・トレーはお客様の口にするものを運ぶ器材ですので、常に清潔に保ちましょう。
・背の高いビール瓶やワインのボトルなどは安定性が悪い為トレーに乗せず、素手で持つか6本入るボトルキャリアー（ドリンクバスケット）を利用します。
・指先だけで支えたり、お神輿を担ぐような持ち方はしないでください。
・常にトレー上にある重量のバランスを考え、少ない場合は中心に置きます。
・物を乗せる場合は中心から、降ろす場合は外側からを心掛け、背の高い物を中心に低い物を外側を基本にトレーの傾きに注意をしましょう。

プレート・サービス

1、皿（料理）の持ち方

　お皿の取扱いについては、高価な物が多いため、十分注意をしなければいけません。格式あるホテルや宴会の内容によっては、白手袋を着用してのサービス、冷蔵庫で冷やされて、お皿の表面が湿っている皿、ウォーマーなどで熱い状態まで温められた皿、見た目を重視した、不安定な形状の皿、重量感のある陶器、高さのある備品などサービススタッフにとっては、細心の注意を払わなくてはいけません。ここでは、一般的なプレートサービスについて説明いたします。（利き腕は右を基本としています。）

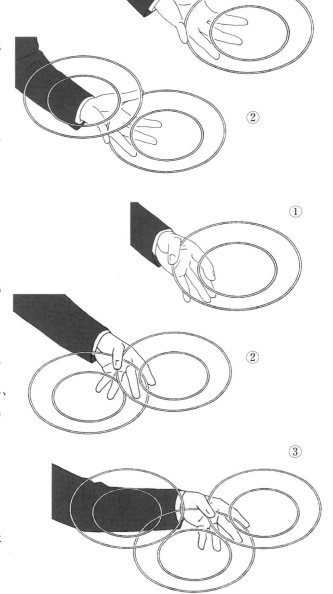

2枚持ち

片手で2枚の皿を持つ
①1枚目の皿は親指と小指を皿の縁にかけます、皿の下に左手の人差し指、中指、薬指をあてて支えます。
②2枚目の皿は親指と小指の付け根に糸底がくるようにし、手首を含めた3点で皿を支えるようにして乗せます。

3枚持ち

片手で3枚の皿を持つ
①1枚目の皿の糸底に人差し指を当て、親指を皿の縁に掛けます。
②2枚目の皿を1枚目の下に添え、1枚目と2枚目の皿の間に挟まないように注意します。親指の付け根の膨らみ、生命線のところに押し込むように挟み、2枚目の皿に人差し指が巻付くようにします。皿の下を中指、薬指、小指で支えます。
③3枚目の皿は腕と2枚目の縁で支えます。3枚目のお皿を傾けずに水平に持つことは、肘がポイントになります。肘を脇腹につけて、腰骨の上に乗せるようにして、脇が空かないようにします。腕は身体の正面から45度外に開くことにより、自然と3枚目のお皿を乗せる腕の面が平らになります。

2、皿（料理）の出し方

　料理の出し方は、ホテル、会館、式場によってサービス方法が異なりますので、職場の決まりに従いましょう。ただし、飲物は右側から、パンやサラダ等の左側に置くべきものは左側からサービスするのが基本です。

　右出しサービスの場合は親指の付け根のふくらみを皿の縁にかけ、他の4本の指を皿の下にあてます。その際、皿の表面に指紋がつかないように、親指の先を外側に向けます。ナイフの上方にあるグラス類を倒さないように気を付けてサービス致します。左出しサービスの場合は親指を7時位の位置に持ち、人差し指は糸底に掛け中指は皿の裏の外側に当てます。外側から内側に手首を返す様にサービス致します。お尻がお客様にぶつからない様に注意し、もう片方のお皿を平行に保ち、料理やソース類がお客様にかからないよう、細心の注意をはらいましょう。

　いずれの出し方にしろ料理の向きをしっかり確認し、料理の位置はテーブルの縁から親指の第一関節（約3～4cm）が目安です。

3、皿（料理）の下げ方

2枚持ちの下げ方で複数の皿を下げる

①2枚持ち同様、親指と小指を1枚目の皿に掛け下に左手の人差し指、中指、薬指を当て支えます。ナイフの刃の部分を手前にし、フォークの下に入れる様にしていきます。下げる際、くれぐれもシルバーが落ちないよう気をつけましょう。

②トーションを掛けた腕に皿を乗せ、親指と小指で支えます。ナイフ、フォークは全て1枚目の皿にきれいに並べ、残飯はフォークを使い1枚目の皿の手前に移します。その際、ソース類がお客様にハネない様、やや後ろ向きで処理します。3枚目以降の皿は2枚目の皿に重ねていきます。以前は8～10名分程度の皿を一度に下げましたが、最近では優雅さや汚損事故を考慮し、4～5枚を2回に分けて下げる指導をしている職場も多いようです。難度の高いサービスですが、最終的には1卓分のお皿が下げれるようにキャリアを積みましょう。

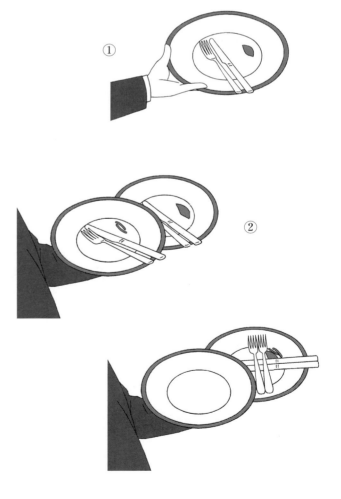

3枚持ちの下げ方で複数の皿を下げる

①右手で皿を下げ左手に持ち替えていきます。3枚持ち同様で親指で1本目のフォークの柄を押さえます。人差指は糸底に掛け、残りの指は自由にしておきます。

②2枚目の皿を1枚目の下に入れ、フォークの下にナイフを入れていきます。残飯は2枚目の皿にフォークで移します。その際2枚持ちの下げ方同様、やや後ろ向きで処理します。

③3枚目の皿を取り、左腕と2枚目の皿の縁に掛けます。その際、3枚目の皿の糸底が2枚目の皿にしっかり掛かる様、左手首をやや内側にします。4枚目以降の皿は三枚目に重ねていきます。

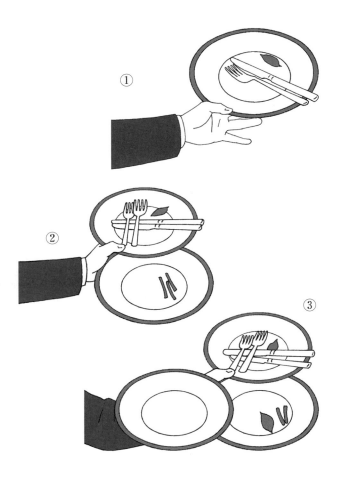

プラッターサービス

サーバーの使い方

　立食パーティーやブッフェレストランなどに行かれると、大きなスプーンとフォークが料理の横に添えられているのを、一度はご覧になられたことがあると思います。また、ブライダルや正餐のようなフルコースのサービスの時には、サービススタッフがこの大きなスプーンとフォークを使って料理が盛り付けられたプラッター（大皿の銀盆）やサラダボールからお料理をお皿に取り分けしてくれます。

　そのようなサービスをプラッターサービス「持ち回りサービス（ロシアン・サービス）」と言います。これもホテルや式場等で働く上で身に付けなければいけない大切な技術のひとつです。

　サーバー以外にデザートスプーンとデザートフォークの組み合わせやサービストング（サーバーがピンセット状になったもの）などを使うケースもあります。

　高度なテクニックが必要になりますので、じっくり説明していきましょう。

ジャパニーズ・スタイル・フォールド（箸を使う要領で箸持ちとも呼ばれます。）

　人差し指と親指の間に共に柄の部分をはさみ薬指と爪と第一関節の間にスプーンを乗せます。図を参考にしながら中指と爪と第一関節の間にフォークを乗せます。次に人差し指をフォークに軽くあてます。次に中指を上手く使って動かします。（メロンやパン等、キズが付きやすい料理にはフォークを上向きにするか、サーバーで下からすくう様にします）

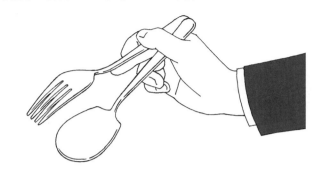

アメリカン・スタイル・フォールド（初心者向けでウェスタンとも呼ばれます。）

　まずスプーンから持ちます。スプーンを上に向け、人差し指と薬指がスプーンの上に、中指と小指が下にくるようにして持ちます。次に小指をスプーンの柄の部分を引っ掛けるように曲げます。薬指は反るようにまっすぐ伸ばしフォークの柄を親指と人差し指でしっかりと持ちます。

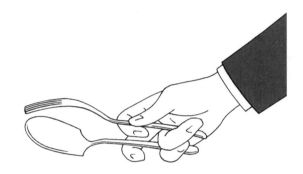

フレンチ・スタイル（欧米の一般的な方法でヨーロピアンとも呼ばれます。）

　中指、薬指、小指の３本でスプーンを持ち、フォークを親指と人差し指ではさむようにして持ちます。パスタの取り分けなどにも便利です。

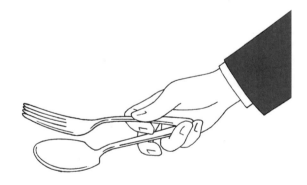

ワゴン（ゲリドン）サービス・スタイル（両手を使ってサービスする方法です。）

　スプーンを右手、フォークを左手に持って、両手を使って料理をサービスする方法です。主にレストランでワゴンの上でプラッターから盛り付ける時に用いる方法ですが、立食パーティーでも料理の内容によっては、この方法が用いられます。

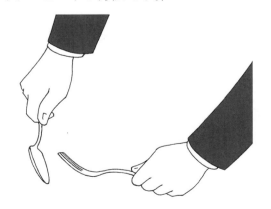

婚礼やディナーで「持ち回りサービス」を行う場合はジャパニーズとアメリカンの持ち方が一般的ですが、サービススタッフは、最終的にはジャパニーズスタイルをマスターすべきでしょう。
　その理由が２つあります。

１．アメリカンは、ジャパニーズに比べて、料理を取る時に脇が大きく開きやすく、サービススタッフがお客様に対して料理の取り分けをする際に、お客様にぶつかってしまったり、恐怖感を与える可能性があるため
２．一度プラッターやサラダボウルにサーバーをおくと、ジャパニーズに比べてすぐにサーバーを持つことが困難なため

スープチューリンによるサービス

　大人数の婚礼やディナーでスープをサービスする際、スープチューリンによるサービスが行われるケースがあります。銀器で作られたこのスープチューリンは重厚感があり、サービス自体にもテクニックが必要なため、とても優雅に見えるサービスの演出のひとつです。テーブルのお客様全員（８～10名）に温かいスープを一度にサービスが出来る反面、未熟なサービスマンにとっては難度の高いサービスの一つです。こちらもしっかりと説明していきましょう。

①スープチューリンの台座の部分をトーションで包むように左手でしっかりとつかみます。
②脇を閉め、お客様の左側に立ち、一礼をし「スープをサービスさせて頂きます。」「お熱いのでお気を付け下さい。」などの声を掛けます。
③左足を深く入れ、左膝を軽くおり、その際、腰を落とすのではなく、前かがみになる要領でスープボウルの左真横にチューリンを近づけます。
④チューリンの中のスープの具材がを良く混ざる様、撹拌(かくはん)します。
⑤レードルに８分目程度を二杯程、静かに注ぎます。スープをすくった後にレードルの底をスープに一度つけ、瞬時にスープボウルに注ぐとポタポタと垂れません。
⑥全員にサービスが終わりましたら、「どうぞ、温かいうちにお召し上がり下さい。」などの声を掛けてください。

ドリンクサービス

ボトルによるサービス

　シャンパン、ワイン、ビールなどボトルでサービスする飲み物は、客席の右側にたち、ボトルの下の部位を持ってお客様にラベルが見えるよう、ラベル部分を上に向けて注ぎます。

　一定の量を注いだら、ボトルの口をゆっくりと上向きにしながら、ボトルを右にゆっくりとひねって、トーションでボトルの口を拭き、滴が垂れないように注意します。
　世界共通でワインボトルの１本の量は750mlです。グラスの大きさにかかわらず、１本で８杯～10杯が基本です。８杯の場合は、93mlになります。量は事前に把握しておきましょう。
　シャンパン、ビールは一気に注ぐと泡が溢れる場合があるので、何回かに分けて注ぎましょう。

ビール　シャンパン　シャンパン　ワイン　ワイン　お水　　注ぐ目安

ワインの注ぎ方

　赤ワインの滴やハネは落ちにくいので細心の注意が必要です。

①右手でしっかりとボトルを持ちます。
　ラベル（エチケット）がお客様に見えるように、ボトルの下の部位をしっかりと握るように持ちます。
②お客様の右側から入り、右足を深く入れ、体をお客様に向け、背筋を伸ばします。
③ひじが張らないように手を伸ばし、グラスにボトルの口がつけないようにしながら、ゆっくりとワインを注ぎます。
④適量まで注いだら、ゆっくりと右方向にボトルをゆっくりとひねり、滴を切ります。
⑤グラスの上20センチ程度までボトルを上げ、左手で畳んで持ったトーションでボトルの口を下から支えながら、ボトルを下げます。

この作業により滴はグラスの中に落ち、ボトルの口はトーションで拭けている状態になります。

　ワインのサービスはトレーサービスに次いで汚損事故が多いのですが、その原因はグラスの上でしっかりとボトルの口が拭けていないからです。
　一滴のワインの滴（特に赤ワイン）が白いテーブルクロスに垂れただけであっても、自分もお客様もいい気持ちはしないものです。失敗した感と失敗された感があるからです。ましてやお客様の袖や肩に滴が垂れてしまっては、大変な問題になります。
　サービスに慣れてきた人でさえ、ワインの滴が垂れてしまうケースが多く見受けられます。ワインのサービスは丁寧に注ぎ、グラス上でのトーション処理を必ず心掛けましょう。

お酒の分類

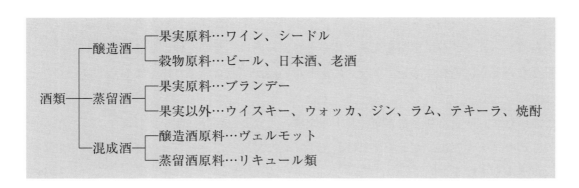

ワインとは

　ワインは主にブドウ果汁を発酵させたアルコール飲料のことで「葡萄酒」とも呼ばれています。また、アルコール度数は約8〜14%で各国で様々な規定がされています。広義ではブドウ以外の果物で造られたものもワインと呼びますが、その場合「キウイワイン」「パインワイン」「ストロベリーワイン」などのように使用された果実名が併記されます。

　ワインを専門的に勉強したい場合は「ソムリエ」や「ワインエキスパート」等の資格も目指すことをおすすめします。

ワインの製法による分類

　ワインは製法により以下の4つに分類されます。

① 　スティルワイン　Still wine

② 　スパークリングワイン　Sparkling wine

③ 　フォーティファイドワイン　Fortified wine

④ 　フレバードワイン　Flavored wine

① 　スティルワイン（非発泡性ワイン）

　「スティル」とは「静かな」という意味で、炭酸ガスを含まないワインを指し、一般的なワインの大部分がこれに該当し、アルコール分は9〜15度程度。白ワイン、赤ワイン、ロゼワインに分類され、白ワインは辛口から甘味まであります。

② 　スパークリングワイン（発泡性ワイン）

　炭酸ガスを含む発泡性ワインの総称です。フランスでは Vin Mousseux または Crémant、ドイツでは Schaumwein または Sekt、イタリアでは Spumante、スペインでは Cava と呼ばれており、通常は3気圧以上のガス圧があり、それ以下を弱発泡性ワインと呼びます。

　フランスのシャンパーニュ地方のシャンパーニュは有名でこのカテゴリーに属します。

③ 　フォーティファイドワイン（酒精強化ワイン）

　発酵中のワインやブドウ果汁にグレープスピリッツ（ブドウ原料の蒸留酒）を加えて造るアルコール度数（15度〜22度）の高いワインを指します。スペインの Sherry、ポルトガルの Porto や Madeira、イタリアの Marsala、フランスの VDN が有名。このワインは、暑い地域において、ワインの変質を防ぎ保存性を高めたもの。食前酒、食後酒として飲用されるだけでなく、中には料理のソースにも使用されるものもあります。

④ 　フレバードワイン（混成ワイン）

　ワインに各種スパイスやハーブ、フルーツ、甘味料などを原料とする蒸留酒や抽出液または果汁を加え、独特な風味を付けたワインでアロマタイズトワイン、香味付けワインなどとも呼ばれ、そのまま飲用されるほか、カクテルや料理などにも使用される、ヴェルモット（Vermouth）、サングリア（Sangria）が有名です。

ワイン造りに使用される主なブドウ品種（セパージュ）

ワイン造りに使用される主なブドウ品種は以下の通りです。

「ブドウの品種、産地と特徴」

1）　白ブドウ品種

白ブドウの果皮の色に含まれる緑のトーンは葉緑素です。若い白ワインによく見られます。

代表的な白ワイン品種

品種名	主な産地	特　徴
シャルドネ Chardonnay	フランス/ブルゴーニュ地方、シャンパーニュ地方 カリフォルニア オーストラリア、チリ、アルゼンチンなど	高品質な白ワインを生む白ブドウ品種の一つである。栽培地は寒冷地を好むが適用範囲は広く、世界中で栽培されており、産地によっては何年間も保存が可能である。
ソーヴィニョン ブラン Sauvignon Blanc	フランス/ボルドー地方、ロワール地方 カリフォルニア ニュージーランドなど	栽培地の気候の影響を受けやすく寒冷地、温暖地では特性が異なる。芳香性に富み、爽やかな酸味が特徴。セミヨン種と合わせて極甘口の「ソーテルヌやバルザック」も造られる。
セミヨン Sémillon	フランス/ボルドー地方 オーストラリアなど	フランス、ボルドー地方では貴腐ワイン用にも使用される品種である。極甘口の貴腐ワインが有名だが、ソーヴィニョン・ブランとブレンドして辛口の洗練された酸味のあるワインも造られる。
シュナン ブラン Chenin Blanc	フランス/ロワール地方 カリフォルニア オーストラリア、南アフリカなど	辛口～甘口のステイルワインだけでなく、貴腐ワイン、スパークリングワインなど多様なワインが造られる品種。酸味が強く、長期保存される。
リースリング Riesling	フランス/アルザス地方 ドイツ オーストラリアなど	冷涼な栽培地を好む品種。特有の油脂系の香味特性を持ち、果実は小さく、完熟する晩熟タイプ。甘味と爽やかな酸味を持ち、辛口～甘口のワインが造られ、繊細で気品のあるワインになる。
ミュスカデ Muscadet	フランス/ロワール地方 など	果実味に富み、爽やかでフレッシュな酸味を持つワインとなる。中粒中房で果皮は薄く、若飲みタイプの辛口タイプになる。
こうしゅう 甲州	日本	日本の固有品種である。ヴィニフェラ系品種であり、果皮は薄紫色で、軽快で穏やかな香味特性である。

2) 黒ブドウ品種

黒ブドウの果皮の濃淡はワインの色調の濃淡に反映されます。

代表的な黒ブドウ品種

品種名	主な産地	特　徴
カ ベ ル ネ ソ ー ヴィニョン Cabernet Sauvignon	フランス/ボルドー地方 カリフォルニア チリ、オーストラリア など	高品質な赤ワインを生む品種の一つで、タンニンを多く含み、長期熟成タイプのワインが多く造られる。栽培地の適応範囲が広く果皮は厚く色の濃いワインとなりしっかりした渋味と酸味が特徴。
メ ル ロ Merlot	フランス/ボルドー地方 カリフォルニア チリ、イタリアなど	濃厚でありながらなめらかなタンニンと酸味は比較的穏やか。近年、人気が上昇し栽培面積が増えている。長期熟成型のワインも造られ、独特の濃い赤色が特徴。
ピ ノ ノワール Pinot Noir	フランス/ブルゴーニュ地方、 シャンパーニュ地方、 アルザス地方 カルフォルニア カナダ、ドイツなど	高品質な赤ワインを生む品種であるが、栽培地を選ぶ。比較的寒冷な栽培地を好み、房は小さめで、果皮はやや薄く、タンニンが穏やかで果実味の高いまろやかなテイストが特徴。長期熟成にも向く。
シ ラ ー Syrah	フランス/ローヌ地方 カリフォルニア オーストラリア、スペイン など	ブドウ果皮の色調が濃く、濃密でパワフルな非常にコクのあるワインとなる。タンニンと果実味が豊富で、若いうちからの飲用に向く。また、熟成させるとまろやかでしっかりしたワインとなる。
テンプラニーリョ Tempranillo	スペイン/リオハ など	主にスペインで栽培されている品種。比較的、早く熟すが果皮は濃厚で厚みがある。長期熟成型のワインが多く造られる。
ガ メ イ Gamay	フランス/ボージョレ地方、 ロワール地方 など	フランスのブルゴーニュ地方が原産といわれており、現在は主にボージョレ地区で栽培されている。栽培の適応範囲は広い。色調は鮮やかで口あたりの良いフルーティーなワインとなる。
マスカット ベリー ベイリー エー Mascat Baily A	日本	新潟の「日本のワインの父」と呼ばれる川上善兵衛が1927年にアメリカのベイリー種とヨーロッパのマスカット、ハンブルグ種を交配してつくり出した日本独自の品種である。渋みが少なく酸味は控えめでフルーティな味わいが特徴。

食材に関する用語

フランス料理のメニューによく使われる主な魚と肉料理に絞っています。

アニョー（仏　agneau）／ラム（英　lamb）

　フランス料理の代表的な食材、仔羊のことです。大人の羊はムートン、英語はマトン。仔羊の中でアニョー・ド・レと呼ばれる生後間もない乳だけで育った仔羊は、肉にクセや臭いが少なく味もマイルドで高価な食材です。

ヴォー（仏　veau）

　イタリア料理でもよく使われる食材で、仔牛のことです。

　仔牛肉はヘルシーで高級な肉として、量的には少量ながらレストランではとてもポピュラーです。通常は生後12ヶ月までの牛を呼んでいますが、実際に肉として流通する場合は9〜10ヶ月以下のものをいいます。フォンド・ヴォーは仔牛のだし（fond）のことです。

エクルヴィス（仏　ecrevisse）

　高級食材でザリガニのことです。おもにアメリカザリガニが使用されています。オーストラリアでも日常的に調理されており、中華料理でも人気の高い食材でもあります。

エスカルゴ（仏　escargot）

　日本でもポピュラーになってきた食用のかたつむりのことです。ぶどうの葉などを食べさせ食用として育てられたもので、ブルゴーニュ地方が有名です。ニンニクとパセリを使ったバターを詰めてローストして食べるエスカルゴ・ア・ラ・ブルギニョンヌが一般的です。

オマール（仏　homard）

　英語ではロブスター（lobster）なので、ポピュラーな素材ですが、ザリガニの一種で最大の海ザリガニで、ブルターニュ産が有名です。伊勢海老はあまりフランス料理では使われませんが、ラングスト（仏　langouste）のことです。

カナール（仏　canard）

　仔羊と並んでフランス料理の代表的な食材で鴨のことです。通常は飼育された鴨を使い、ロワール地方のシャラン産が有名です。野生の鴨はジビエの代表的な食材で、野生の鴨の中で青首鴨（仏語でコルヴェール　col-vertと呼ばれ、その名前の通り、首が青緑色した鴨です。）は高価な食材です。『トゥール・ダルジャン』では料理で出した鴨に番号をつけて、その番号を書いたカードをくれるのは有名ですが、フォアグラを取った鴨のことをマグレ（仏　magret）鴨、雄の仔鴨はカヌトン（仏　caneton）、雌の仔鴨はカネット（仏　canette）と呼びます。

34

キャヴィア（仏　caviar）

　トリュフ、フォアグラと並ぶ世界三大珍味のひとつで、チョウザメの卵です。ロシアとイランが主な産地で、セブルーガ（黒ずんだ灰色の細かい粒　英　Sevruga）、オシェトラ（褐色を帯びた黄金色から灰茶色　英　Oscietra）、ベルーガ（明灰色から暗灰色で表面がキメ細かく、粒が大きく最も高価　英　Beluga）が代表的な品種です。年々収穫量が減ってきている貴重な食材です。

コキーユ・サン・ジャック（仏　coquille Saint-Jacques）

　フランス料理で魚のメイン料理にも使われる帆立貝のことです。コキーユは貝殻を意味しますので、貝殻に盛った料理を総称してコキーユともいいます。貝殻を器にして、魚介などにベシャメルソース（ホワイトソース）などを合わせて焼き色を付けるグラタンがポピュラーです。

ジビエ（仏　gibier）

　鴨、鹿、猪、野兎、山鳩など、狩猟解禁される秋から冬にかけての野生の鳥獣類の総称で、高価な食材です。ジビエは完全な野生のものでなく、餌付けしたり、成長してから野に放すものもあります。また繁殖しすぎて駆除のために狩猟解禁期間でなくとも、市場に出回ることもあります。

シャトーブリアン（仏　chateaubriand）

　細長い形状をした牛のヒレ肉のうち、中央部の最も厚みがあり、肉質のよい中心部分や、それを使ったステーキのこと。非常にやわらかくきめが細かく、形がよいため究極の希少部位とされています。この名前はフランス革命の頃の貴族で美食家の名前に由来されているといわれています。

ソーモン（仏　saumon）／サーモン（英　salmon）

　鮭のことです。スモークサーモンとは、塩漬けした鮭を燻煙乾燥して薫製したものです。脂乗りの良いキングサーモンが向いています。前菜としてはポピュラーで、三つ星レストラン『トロワグロ』の代表的な料理に『ソーモン・オゼイユ』があります。

ソル（仏　sole）／ソール（英　sole）

　舌平目のことです。イギリス料理では高級魚ドーバー・ソールがよく使われ、ドーバー海峡でとれる舌平目のことです。ムニエルやソテーで調理するのが一般的です。

ドラード（仏　daurade）

　日本では高級魚の鯛のことです。ドラード・グリーズ（ノワール）は黒鯛、ドラード・ルージュは赤鯛です。フランスの鯛は大西洋や地中海が中心で一番人気は気品と風格をそなえたフランス鯛の女王、ドラード・ロワイヤルです。またフランスでは、舌平目、スズキの方がポピュラーです。

バール（仏　bar）

　スズキのことです。日本では出世魚として知られており、セイゴ→フッコ→スズキと成長に伴って名前

の変わる魚です。身の質は鯛に似ています。南仏地方では、ルー・ド・メール（loup de mer）"海の狼"とも呼ばれております。

トリュフ（仏　truffe）／タルトゥフォ（伊　tartufo）

キャビア、フォアグラと並ぶ世界世界三大珍味のひとつでキノコの一種です。パイ包みやスープによく使われます。フランス産はほとんど黒トリュフですが、イタリアでは白トリュフもたくさん取れます。香りは白トリュフの方が上で、値段も高くなっています。収穫の方法は、犬や豚に土の中を探させて取ります。

ピジョン（仏　pigeon）

鳩のことです。フランス料理ではポピュラーな食材で、品質が良く肉質が柔らかくクセのないと定評のあるプレス産の子鳩（ピジョノー　仏　pigeonneau）が使われます。きちんとした飼育場で育てられていて、合鴨と同様に旨味のある美味な肉で、他の産地の鳩よりも高い価格を付けて売られています。

フォアグラ（仏　foie gras）

鵞鳥（オア　仏　oie）か鴨（カナール　仏　canard）にえさを大量に与えて肥大させた肝臓のことで、キャビア、トリュフと並んで世界三大珍味と呼ばれています。とてもこってりとして、とろけるような味が特長です。コクのある鵞鳥のフォアグラ（フォアグラ・オア）はテリーヌに、鴨のフォアグラ（フォアグラ・カナール）は火を通すと香ばしくなるので、フライパンで両面を軽く火を通して食べるのが一般的です。

ブフ（仏　boeuf）

牛肉のことです。フランスの代表的な家庭料理にブフ・ブルギニョン（牛肉の赤ワイン煮）がポピュラーです。日本と異なりフランスでは鴨、鳩、仔羊、鹿の方が一般的には高価な食材として扱われます。

プーレ（仏　poulet）

生後六ヶ月以内の食用若鶏（オス・メス）のことです。ブレス産が非常に有名で、原産地名称権を持っており、世界一の地鶏といわれています。

ムル（仏　moule）

ムール貝のことです。フランス、ベルギー、スペインでは値段も安く、一番料理に使われる貝と言って良いでしょう。ムール貝を香味野菜と白ワインを使って蒸し上げた『ムール貝の白ワイン蒸し』はベルギーの名物料理で、鍋いっぱいにムール貝が出されます。

ユイートル（仏　huitre）

カキのことです。フランスでも生でレモン汁をかけて食べられます。フリュイ・デュ・メール（海の幸　fruits de mer）と呼ばれる生の魚介類を氷の上に盛り合わせだけの料理はフランスのシーフードレストランのメニューによく載っています。

ラングスティーヌ（仏　langoustine）

　日本では赤座エビ、または俗に手長エビと呼ばれています。はさみのある脚が長いエビで肉質はやわらかく甘みが強いのが特徴です。イタリア料理ではスカンピ（伊　scampi）と呼ばれ、単にグリル（網焼き）しただけで出されることがあります。

リ・ド・ヴォー（仏　ris de veau）

　仔牛がミルクを飲んでいる間、ミルクを消化するための酵素が出る器官のことで、喉の付近にあります。胸腺と呼ばれていて、成長につれて失われる器官です。ほんのりとミルクの香りを含む上品な脂の濃密さが特徴です。仔牛の間のわずかな時期の肉なので貴重な食材でもあります。

西洋料理に使われるソース

基本のソース

ソース・ヴィネグレット　sauce vinaigrette

　野菜と相性のよいフレンチドレッシングとして知られており、酢と油をかき混ぜて作る最もシンプルなソースです。赤ワインビネガー、シェリー酒ビネガー、白ワインビネガー、アップルビネガーなどがあるので作れるソースの数も無数にあります。

ソース・マヨネーズ　sauce mayonnaise

　卵黄の乳化を安定させる性質を利用し酢と油を乳化してつくるクリーム状の調味料で、おなじみのマヨネーズです。

ソース・ベシャメル　sauce bechamel

　日本ではホワイトソースとして知られています。小麦粉をバターで炒めてルーを作り、牛乳を加えて溶いて煮つめた白く重たいソースです。料理に合わせて牛乳の分量を調整して、ソースの濃度を調整します。主にグラタンやクリームコロッケなど洋食と言われる分野で使用されています。

ソース・ヴルーテ　sauce veloute

　ヴルーテとは『ビロードのような』という意味で、ビロードのような滑らかなソースを指します。作り方はソース・ベシャメルと同様にルーを使って作りますが、牛乳ではなくフォン（だし）を使います。鶏のフォンを使うとヴルーテ・ド・ヴォライユ、仔牛のフォンを使うとヴルーテ・ド・ヴォ、魚のフュメを使うとヴルーテ・ド・ポワソンとなります。

ソース・エスパニョール　sauce espagnole

　小麦粉をバターで炒めたルーに牛、鶏の肉や骨に玉ねぎ、人参、セロリ等の野菜のだし汁（ブイヨン）

を加え、トマト、白又は赤ワインで煮込んだ茶色のソースです。

ソース・ドゥミグラス　sauce demi-glace

　ソース・エスパニョールにさらにフォン・ド・ヴォを加えて濃い味に仕上げたソース。日本ではデミグラスソースとして定着しています。

ソース・オランデーズ　sauce hollandaise

　卵黄と水、塩、こしょうをゆっくりと火を通しながら泡立てて、溶かしバターで乳化させてレモン汁を加えたシンプルな酸味とコクのあるソースです。野菜にも合い魚料理など淡白な味の料理にかけても美味しいソースです。

ソース・ベアルネーズ　sauce bearnaise

　ソース・オランデーズにレディクション（酢にエシャロットとエストラゴンのみじん切りを加え水分がなくなるまで煮詰めて最後に香草のみじん切りを加えたもの）と呼ばれる材料を加えたもので、上品な香りなので淡白な魚料理やグリエした肉料理を引き立てるソースです。

ソース・アメリケーヌ　sauce americaine

　オマールを煮込んで作るアメリケーヌ「アメリカ風料理」のフランス発祥のソースです。カニやエビなど甲殻類の殻と野菜を炒めてから煮出してだしをとり、そのカニやエビのみそにトマトを加えたオレンジ色のソースです。

ソース・マデール　sauce madere

　ポルトガルのマデイラ島の特産。マデイラ酒のソースで、煮詰めて作った甘味のあるソースでフォアグラや牛フィレ肉など高級食材に合います。
　マデイラ酒はポルトガルでも高級酒として名高いのでソース自体も高価です。

ソース・ヴァン・ルージュ　sauce vin rouge

　赤ワインソースのことで、みじん切りの玉ネギまたはエシャレットを炒め、赤ワインを煮詰めて作ったソースで肉料理に合います。

ソース・ヴァン・ブラン　sauce vin blanc

　白ワインソースのことで、フュメ・ド・ポワソン、白ワイン、エシャロット、シャンピニョンを煮詰めたものに生クリームを加えて作るのが基本で、魚介料理に使われるソースです。

ソース・ブール・ブラン　sauce beurre blanc

　白いバターソースという意味です。白ワイン、白ワインビネガー、エシャロットにたっぷりのバターを溶かして作るバターベースのソースで、魚料理に合わせるのが定番ですが、野菜料理にも合います。

調理方法に関する用語
主にフランス料理の調理で使われる国際語

キャラメリゼ（仏　carameliser）

デザート（仏　デセール）でよく使われる用語ですが、砂糖をガスバーナーで焦がしたり、砂糖水（シロップ）を煮詰めたりして香ばしいキツネ色（褐色）にし、表面にしっかりと焼き色をつけることです。

グリエ（仏　grille）／グリル（英　grill）

鉄格子の下の炭火等の直火に調理材料をかざして、その火の輻射熱であぶったものです。まず材料の表面を強火にあてて収縮させ、うま味をとじこめ、同時に肉汁や脂肪がしたたり落ちて、香ばしい香りをつけます。肉をグリエすると余計な脂肪分が落ちて、サッパリした仕上がりになります。

コンフィ（仏　confit）

保存性を高める食材に浸す調理法の総称です。鴨肉や鶏肉、豚肉、砂肝などに塩をすり込み、ひたひたの油脂の中で低い温度（80度くらい）でじっくり加熱することです。野菜や果物の場合は、砂糖水や酢に漬け込んで煮ます。

コンポート（仏　compote）

『果物のコンポート』のようにデザート（デセール）によく使われる言葉ですが、果物を砂糖水で煮て作る伝統的な保存方法です。ジャムに比べ、果実自体の食感や風味が残っており、糖度が低いため、そのまま食べたり、デザートに添えられます。野菜の場合はコンソメなどで柔らかく煮込んだものを指します。

ジュ（仏　jus）

近年の料理に盛んに使われるだし汁の一種です。素材が隠れる程度の少量の水分を加え、短時間で煮出します。素材だけのピュアな味が香りを失わずに抽出できます。ジュ・ド・カイユ（ウズラ）、ジュ・ド・カナール（鴨）、ジュ・ド・ピジョン（鳩）などがあります。

ジュレ（仏　gelee）

冷やして固めてゼリー状にしたもののことです。ゼリー（英語）とジャレ（仏）、原料には明確な違いはありませんが、水分の多い、トロっとした食感のゼリーのことをジュレと呼びます。

スフレ（仏　souffle）

お菓子によく使われる言葉ですが、フワッと膨らんだ意味ですので料理にも使います。種々の材料に泡立てた卵白を加え、型に入れて、オーブンで焼き、大きくふくらませて作る菓子または料理のことを指します。卵白中に含まれた空気が膨張するのを利用してふくらませます。

ソーテ（仏　saute）／ソティ（英　saute）

　フライパンで澄ましバター、油又は両方を併用、あるいは他の脂肪を少量使い、切り分けた材料をジャンプさせるように、短時間で強火で炒めることです。

ピュレ（仏　puree）

　果物や野菜を生または加熱した後、ミキサーなどで、すり潰したり、裏ごししたりしてとろみのある半液体状にしたものを言います。

フリ（仏　frit）／フライド（英　fried）

　植物性の油、牛・豚の脂がよく使われ、深い鍋に多めの油脂を入れ、加熱して材料を揚げたものです。材料と調理法によって、油の温度は低温、中温、高温の使い分けをします。

ブレゼ（仏　braise）

　赤見の肉はリソレ（表面を焼き固める作業）し、白身の肉にはベーコンなどの脂で脂肪を補い、鍋に野菜、香草を敷いて、少量の液体を加え、ふたをして、オーブンでゆっくりと火を通したものです。

ベニエ（仏　beignet）

　小麦粉に卵、牛乳（もしくは水）を加え、更に泡立てた卵白を加えた衣で揚げたものを指します。英語でフリッターのことです。

ポワレ（仏　poele）

　フライパンで油やバターを使って焼くことです。魚によく用いられる調理方法で、魚にフライパンの油をかけながら、じっくり焼き上げ、表面はカリッと中はソフトに仕上げた調理法です。

マリネ（仏　marine）

　肉、魚介類、野菜などを、酢やレモン汁、ワイン、塩、オリーブオイル、香草、香辛料などからなる漬け汁に浸す調理法、またはその料理のことです。

ラグー（仏　ragout）／スチュー（英　stew）

　野菜や肉、魚介類をだしやソースで煮込んだシチューなどの煮込み料理のことです。

ロティ（仏　roti）／ロースト（英　roast）

　英語のローストで焼くことですが、直火にかざして焼く串焼きロースト、オーブンの放射熱で行うオーブンローストがあります。いずれも表面を高い熱で焼き色をつけ、中の肉汁を逃がさないようにします。ローストビーフは代表的な英国料理の定番で、ロティスリー（仏　rotisserie）と言います。

ムニエル（仏　meuniere）

　魚に軽く小麦粉をまぶしてバターで焼く調理法の事で、舌平目や鮭のムニエルが一般的で、魚の調理法のひとつです。魚の切り身に塩、こしょうで下味をつけ、小麦粉をまぶし、バターで両面を焼いた後、レモン汁を振りかけます。外側のカリッとさせた食感と中の柔らかい身の違いが好まれます。

ポシェ（仏　pocher）

　一度沸騰させた液体やだし汁を弱火にして液体の表面がゆるやかに波打つ程度の火加減にし、その中に素材を入れてゆっくりと加熱することです。

フリカッセ（仏　fricassee）

　仔牛肉等の白身の肉を小麦粉や生クリームを使って白く仕上げる料理法。煮込みながらソースを白く仕上げる料理です。

フュメ（仏　fumé）／（英　smoke）

　燻製のことで、香りの強い木材を熱した時に出る、煙を食材に当てて、風味をつけながら水分量を減らして保存性を高めた調理方法です。スモークサーモンや鴨の燻製、チーズなど様々なシーンで食べられます。

ヴァプール（仏　vapeur）

　フランス料理では蒸し料理のことで、肉、魚介類、野菜などを、蒸気によって火を通す調理法です。仕上がりも形が崩れる事少なく、お魚料理などによく使われます。

～ 顧客満足 ～

　顧客満足（CS）Customer Satisfactionはすべてがお客様とその期待から始まるという考え方のもとにお客様に満足していただくために、何をどのように提供していくのかを考え、それを達成するための仕組みをどう作り上げていくかが職場ごとに必要になります。お客様が不満足で帰られた場合の影響としては特に2点に注意しておく必要があります。

1. レストランの場合は不満を持った時に苦情を言うのは一部の人に過ぎず、多くの人は、黙って次回から来店しない。しかし、バンケットやブライダルのような場合は招待客はもとより本人の一生に一度の晴れ舞台という事もあり、お客様の苦情も厳しくなる。

2. 不満を抱いた人の非好意的口コミは満足した人の口コミよりも影響が大きく、特に近年ではインターネットの普及により、ネット上での不評の書き込みもあるので注意したい。

第 2 章
宴会(バンケット)サービス

宴会サービスとは

　宴会サービスとは、主催者とホテル（式場）側が宴会予約という契約によって決定した宴会内容にしたがって、開催当日に提供するすべてのサービスを意味しています。

　多くの宴会は、リハーサルが行われることはなく、開催当日にはじめて具体的なかたちがあらわれることから、お客様のイメージ通り、あるいはそれ以上の成果が期待されています。
　また開催までに多くの手数を踏み、大勢のお客様を招待して、短時間に非常に高額の料金を支払う主催者や幹事にとって、宴会は成功することが必須条件であります。
　ホテルや式場側も、この点を十分に踏まえて、万全のサービス体制でお客様をお迎えすることは大きな責務であると認識しなければなりません。

　宴会の形式や規模、その日の開催件数などにより、サービススタッフの人員の構成は変化します。このため、レストラン等の客席数が一定の職場と違い、サービス体制の柔軟性が要求されます。
　サービスに携わる構成員は正社員以外に、パート、アルバイト、厚生労働大臣の認可によりプロのサービスパーソンとして紹介されてくるサービスクリエーター（配ぜん人）など多様なサービススタッフからなることが多く、効率的な人員配置とサービスレベルの維持とのバランスは宴会マネジメントの大きなポイントとなります。

宴会サービスの心構え

　宴会サービスを担当するスタッフは、次のような点を認識して業務にあたりましょう。

・主催者にとっても、ホテル（式場）にとっても、宴会はやり直しができません。

・この点を十分意識して「一期一会」の精神で業務にあたる事が求められます。

・宴会の成否は、いかにスムーズに準備が整えられたかによるところが大きいため、受付書の内容は事前に確実に把握し、当日を迎える事が重要です。

・お客様は美味しい料理や飲み物を期待しているので、サービススタッフは調理場との連携によって、温かいものは温かいうちに、冷たいものは冷たいうちに、お客様に適切なタイミングで料飲サービスを行うよう努めます。

・宴会サービスはチームワークによって運営されています。勝手な行動は慎み、担当キャプテンやヘッド

ウェイターの指示や合図によって会場全体が調和の取れた雰囲気を醸し出すよう心掛けます。

・お客様の口にする料理や飲み物をサービスしますので、清潔に身だしなみを整え、お客様に決して不快な印象を与えないように心掛けます。

・宴会は、プログラムによって進行が管理されていますが、進行に支障をきたすような突発的な出来事などが発生する可能性もあります。こういったケースでも、サービススタッフは冷静に、常にお客様の立場に立って臨機応変に対応することが求められます。

宴会セクションの組織と役割

宴会は料理や飲物をはじめ、会場設営から記念品などまで、多様な商品やサービスを組み合わせたものです。このために宴会部門には様々な係が必要になってきます。

お客様の問い合わせへの応対や予約の受付、事前準備の手配などを担当する宴会受付、宴会サービス、調理、バーなど、大きなホテル（式場）では数百人ものスタッフがひとつの宴会を作り上げていくことになります。

料飲支配人・料飲部長（FBディレクター）

料飲支配人は通常、宴会課や食堂課、飲料課などを管理監督します。

したがって、ホテル等の料飲部門全般の責任者といえる重要なポジションです。

通常の業務内容は、宴会や婚礼の施行状況のチェックに始まり、レストランやバーの巡回、さらに各部門の売上状況の把握やクレームの対応などです。

宴会支配人・宴会課長（バンケットマネージャー）

宴会支配人はこれらの各担当者を指揮し、お客様の様々な要望に応えられるよう、部門内のコミュニケーションを図り、円滑な運営を進める役割と責任を持っています。

また、大きな宴会では、他の部門との連携業務が必要となってきますが、それらの業務の調整も宴会支配人・宴会課長の下に行われます。

宴会支配人・宴会課長の業務で最も重要なことは、営業目標の達成と効率的な人員配置や無駄の削減などによる、適切な収益の確保があります。サービスの実行に努めるべく、リーダーシップを発揮することが必要です。

宴会課に所属するセクションは、宴会サービスや宴会クロークなどですが、宴会主導型のホテルでは、管理する範囲が広いため副支配人がいる場合もあります。

宴会セールス（バンケットセールス）

ホテル（式場）等の対外的な営業の窓口として、顧客を回訪したり、新規客の開拓を行い、宴会受注からアフターケアまでを担当します。

見積作成や具体的な打合せも担当し、お客様と宴会係やサービス、調理などすべてのスタッフとの調整の役目を果し、宴会開催までの諸準備をスムーズに運べるよう努めるのが役割です。

担当する企業や団体、それらの業界の状況や動向、また同業他社の情報収集なども重要な業務です。普段からの地道なセールス活動は宴会受注に大きく貢献します。

宴会予約

受注した予約の整理や、電話などでの直接予約や問い合わせを受け付ける係です。

会議の規模に見合った、しかもより付加価値の高い宴会を効率良く受注するための予約管理業務「ブッキング・コントロール」も担当します。

また、予約後の様々な打合せ、見積書の作成、確認書の送付、各種準備の手配などもその主要な業務です。

予約が正式に決定した際、必要な事項を確認しながら宴会仕様書（イベントオーダー）を作成し、関係者に手配・発注します。料理は調理部門に、装花はフローリストに、看板はサイン業者にといった作業です。

宴会フロアーマネージャー

宴会のフロアーマネージャーは、担当する階の宴会場に対して管理監督します。

フロアーマネージャーの主な業務は、担当階で開催される宴会の設営から撤去までをチェックし、それぞれの宴会場を担当するキャプテンに細かい指示を出します。

宴会場担当キャプテン

宴会場担当キャプテンとは、宴会場ごとの責任者を表す呼称です。

宴会場担当キャプテンは、自分が担当する宴会のオペレーション全般を遂行する責任があり、そのために実際のサービスに当たるサービススタッフに適切な指示を出します。

宴会サービス（バンケットサービス）

当日の宴会でのサービスを担当する係です。お迎えから、開宴後の料理や飲み物のサービス、そしてお開き（終宴）お見送りにいたるまでのお客様への接客接遇サービス全般が役割です。

当日の会場設営、必要な什器備品や飲料などの手配、サービス要員の確保や配置など、宴会を滞りなく進行させる重要な役目をもっています。

宴会前日までにサービス要員の人数、配置、作業開始時間を確認しておきます。

通常宴会の場合、勤務開始時間の10分前には身支度をすませ担当部署につくよう、心掛けましょう。

サービススタッフの他に、会場全体の進行を統括し、幹事などとの調整役となる会場責任者や、ソムリエ、バーテンダー、レセプタント（パーティーコンパニオン）、ドリンクレディーなどが入ることもあります。

演出などの内容によっては音響や照明などを担当の係が入ることもあります。また、立食、着席にかかわらず、大規模な宴会では、受付や入口周辺、ＶＩＰのアテンドなどのサービス要員も必要になる場合もあります。

調理

ホテル（式場）での宴会で、最もお客様が期待を抱くのは食事です。お客様のイメージに合った味、量、種類、盛付など、宴会料理にはレストランで提供する料理とは違ったノウハウも必要です。それぞれの組織により、宴会調理が独立している場合もあれば、レストラン調理と兼ねて担当している場合もあります。

ブッフェスタイルの場合には、和・洋・中の折衷料理以外に世界各国の人気料理が加わることも多く、また外部の専門店に料理を発注することもあります。

宴会のスタイル

ディナースタイル（着席形式）（晩餐・午餐）

着席スタイルの宴会は一般に会食やディナースタイルと呼ばれ、晩餐（dinner）、ディナーは社交上主要な催しで「宮中晩餐会」は有名ですが、お客様をおもてなしする饗宴の中でも最も重要なものです。午餐（昼餐）（luncheon）もこれに準じています。お客様の人数に応じてテーブルと椅子が用意され、すべてのお客様に同一メニューでサービスを提供するのが特徴です。

会食の趣旨や時間帯などにより、いわゆるフルコースメニューが提供される結婚披露宴のような正餐スタイルからミーティングを兼ねての朝食会や昼食会の簡単なコース料理までメニューの内容、サービスのグレードも様々です。

テーブルサービスではメニューや求められるサービスのグレードにもよりますが、一卓（席数8～10名）に1名のスタッフを配置するのが目安です。

カクテル・ブッフェスタイル（立食形式）

大規模の宴会ではこのスタイルが一般的で基本的には椅子は用意されていませんが、高齢者の出席が多

い場合は会場の壁際や一角にテーブルと椅子を用意するケースもあります。

様々な種類の料理や飲み物がブッフェボード（元卓）や模擬店、バーコーナーなどが用意され、お客様は料理や飲み物を自由に選ぶことができ、会場内を自由に動きながら誰とでも自由に歓談できるという特徴があります。

またステージ上でショーや余興を催すなど、趣向を凝らした企画・演出を行う場合もあります。

一般的に中規模以上のブッフェなどでは当日の会場設営からサービスまでの全てを指揮するサービスの総責任者・ブッフェボードサービス係・会場内の飲物サービス係・下げもの係・バー係・ワゴンサービスの調理スタッフなどの役割があり、お客様15 〜 20名に対し1名の割合で人員を配置するのが一般的です。

セダン・ブッフェスタイル（着席ブッフェ形式）

着席形式と立食形式を生かしたスタイルです。

会場には着席形式によるテーブル（円卓）、椅子が配置され、テーブル上には当日のメニューに合わせた一般的なコース料理のセットがなされています。

料理や飲み物を選び自分の席に運んで食べることができます。

カクテル・サービススタイル（カクテルパーティー形式）

立食形式の一つにカクテルやレセプションがあります。

カクテルパーティーとも呼ばれ、ディナーの前（日本の場合は午後5時頃から午後7時頃で欧米諸国では午後7時頃から午後9時頃迄）に前室やロビー、ホワイエなどで行う場合もあり、出席者の歓談の場としてだけでなく、ホストがゲスト同士を紹介する場所としての役割もあります。

飲み物はアペタイザー（食前酒）が中心で、一口サイズの可愛らしいフィンガーフードやカナッペなどが提供されます。

オンテーブル・ブッフェスタイル（卓盛り形式）

着席形式でテーブルの上に回転式のテーブル（ターンテーブル）がセットされています。

中国料理店で良く見かけるスタイルで、大皿から各々が料理を取り分けます。仲間内やグループ等で和気あいあいに会食する事ができます。

カフェテリア・スタイル（カフェテリア形式）

あらかじめ並べられてある料理を好きなものを好きなだけ選んだり、カウンターやブッフェボード越しに料理をよそってもらうスタイルです。ブッフェスタイルと違い、一番後方からトレーを持ってならびます。

宴会サービスの業務

テーブル・セッティング

　テーブルプランに基づき正確にテーブルを配置したら、会場設営と並行しながら、担当者はテーブル・セッティングに取り掛かります。

　ここではディナースタイル（着席形式）とブッフェスタイル（立食形式）に分けて、それぞれの宴会用のセッティングの手順（■印）とポイント（●印）を整理します。

ディナースタイル（着席形式）の場合

　このスタイルで一番多く見られるのが結婚披露宴です。
　卓上のセッティングは料理の内容、サービスの方法などによって異なりますが、通常、次のような手順で作業を行います。披露宴会場では、効率良く作業をすすめるため、皿を配る者、シルバー類を並べる者などスタッフそれぞれが役割分担して作業を行います。

■アンダークロスを掛ける
↓
■テーブルクロスを掛ける
↓
■必要なチャイナ・ウェア類をセットする
↓
■必要なシルバー・ウェア類をセットする
↓
■必要なグラス・ウェア類をセットする
↓
■ナプキンなどをセットする
↓
■卓上アイテムをセットする
↓
■所定の位置に椅子をセットする
↓
■サイドテーブルをセットする

49

アンダークロスを掛ける

アンダークロスとは、クッション用布クロスです。アンダークロスを使用しない場合もあります。テーブルのサイズにあったものを使用し、クロスの継ぎ目が凸凹にならないように注意します。

● アンダークロスが見えないように、角を下に折り込むなど工夫をする

テーブルクロスを掛ける

テーブルクロスの折り目の凸部と凹部の方向に気をつけて、掛けます。

● テーブルクロスの凸部（山）が上座（上席側）、クロス折り目の凹部（谷）が下座（下席側）
（会場によっては霧吹きを掛けブラッシングして折り目を消したり、凸凹を気にしないところも）

● 流しテーブルや方形の場合
　テーブルクロスの折り目の凸部（山）がテーブルの縁と平行クロスの四隅の垂れが約45cm位（垂れ止め）になるように調節するのが一般的

垂れ止め

● 円形テーブル（丸卓）の場合
　中心の凸部は、上座に対して横に向ける
　垂れは約35cm位（垂れ止め）に調節するのが一般的

● 一つのテーブルに一枚のクロスしか使用しない場合
　クロスの中心とテーブルの中心が重なるように掛ける

● 2枚のクロスを重ねて掛ける場合は、下座の方から先に掛ける

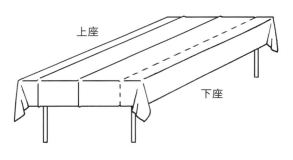

● 複数のクロスが必要な場合
　クロスの内側の折り目が凸部になるようにして、垂れは約35cm位に調節して、両方のクロスの端を合わせる

● ブッフェボードのクロス
　外側にテーブルスカートがはれるよう余裕を持たせ、内側にクロスを垂らす

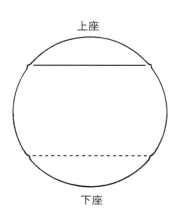

● 掛け終えたら、シワやたるみがないかチェックし、テーブル用ブラシでブラッシングして折り目を綺麗に伸ばす

必要なチャイナ・ウェア（陶磁器）類をセットする（洋食コースの一例）

卓上のセッティング方法は、料理及び飲み物のメニューや会場によって異なる場合がありますが、通常は下記のような手順で行われます。

● テーブルのサイズや形によってチャイナ・ウェア類のセッティング位置は多少異なるが、通常は飾り皿（化粧皿）を一人分約70cmの間隔を標準として、等間隔に正確な位置に置く

● この皿は卓上セッティングを行う上で、位置の基準となることから「決め皿」と呼ぶ

● パン皿はシルバー・ウェア類、グラス・ウェア類がセットされてからパン皿を配ると、上手くスペースが確保される

必要なシルバー・ウェア（銀器）類をセットする

料理の内容に沿ったシルバ・ウェアー類をセットします。

● 人数分のシルバーを飾り皿の回りに配る

● 効率よくセットするために、あらかじめ種類別に分けておく

● シルバーは衛生面を考え柄の部分を持って配る

● 衛生上、ナイフの刃やフォークの先端が汚れているものや変色しているものは取り除く

● テーブルに置き終えたら、それぞれのシルバー・ウェア類を所定の位置に全体のバランスに配慮しながら正確にセットをする

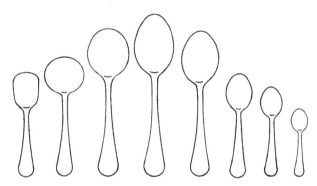

左から順に①（アイス）クリームスプーン ②ブイヨンスプーン ③スープスプーン ④テーブルスプーン ⑤デザートスプーン ⑥ラージティースプーン ⑦ティースプーン ⑧デミタススプーン

左から順に①スープレードル ②ソースレードル ③サービスフォーク ④サービススプーン

左から順に①オードブルフォーク ②オードブルナイフ ③フィッシュフォーク ④フィッシュナイフ ⑤フィッシュスプーン ⑥ミートフォーク ⑦ミートナイフ

左から順に①フルーツフォーク ②フルーツナイフ ③ケーキフォーク ④バタースプレッダー ⑤バターナイフ

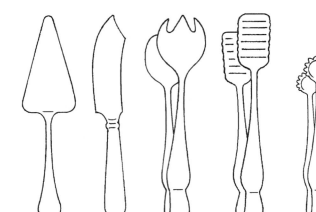

左から順に①ケーキサーバー ②ケーキナイフ ③サービストング ④ブレッドトング ⑤アイストング ⑥シュガートング

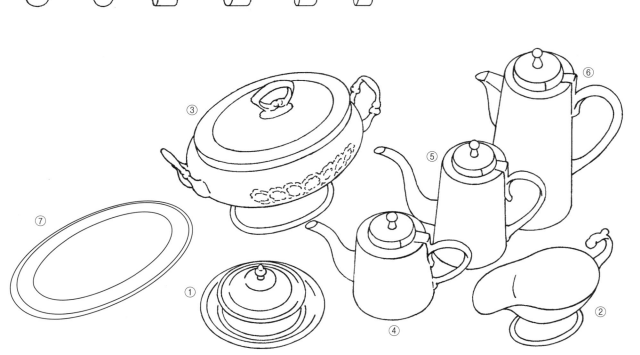

①バタークーラー ②ソースポット ③スープチューリン ④ティーポット ⑤コーヒーポット ⑥ウォーターピッチャー ⑦プラッター

必要なグラス・ウェア類をセットする

ドリンクメニューに沿ったグラスをセットします。

●グラス類のセットに際しては、グラスの口元や内側には手を触れず、清潔な手でグラスの底や柄の部分を持ちながらセットする

●お客様が座ったままの状態で右腕を伸ばして無理なく取れる位置、ナイフの上方へセットする
　グラス・ウェア類のセット方法は会場によって異なる場合がある

左から順に①カクテルグラス　②ブランデーグラス　③タンブラー（8オンス）　④ロックグラス

左から順に①シャンパングラス（クープ型）　②シャンパングラス（フルート型）　③ゴブレット
　　　　　④赤ワイングラス　⑤白ワイングラス　⑥シェリーグラス　⑦リキュールグラス

陶磁器類（China ware）

　メタリックな銀器類にくらべて、土の温かさ、やわらかさを感じさせるのが陶磁器類です。陶器は粘り気のある陶土を成形して高温で焼いたやわらかいもの。吸水性があり、土の素朴な風合いが特徴です。磁器はカオリン（耐火性粘土）を混ぜた石の粉末を成形して高温で焼いたもので、吸水性がなく硬質です。セラミックやボーンチャイナも磁器に含まれます。
　西洋料理のレストランで使われるのは、たいてい白地に絵付けされた陶磁器です。

●主な陶磁器類

	名称		用途
1	スープボウル＆ソーサー	Soup bowl & Saucer	正式な席でのスープ用
2	ブイヨンカップまたはタスカップ	Bouillon cup & Saucer	ランチ等でのスープ用
3	パン皿	5"Plate	パン用
4	デザート皿	7"Plate	デザート用
5	9インチプレート	9"Plate	オードブル用など
6	10インチプレート	10"Plate	肉・魚料理用
7	コーヒーカップ＆ソーサー	Coffee cup & Saucer	コーヒー用
8	ティーカップ＆ソーサー	Tea cup & Saucer	紅茶用
9	デミタスカップ＆ソーサー	Demitasse cup & Saucer	デミタスコーヒー、エスプレッソ用
10	ベリーボウル	Berry bowl	果物やサラダ用

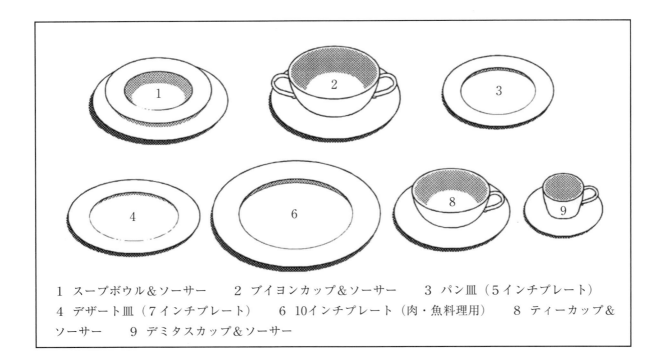

1　スープボウル＆ソーサー　　2　ブイヨンカップ＆ソーサー　　3　パン皿（5インチプレート）
4　デザート皿（7インチプレート）　　6　10インチプレート（肉・魚料理用）　　8　ティーカップ＆ソーサー　　9　デミタスカップ＆ソーサー

●チャイナ・ウェア（陶磁器）類の取り扱いと管理

　陶磁器は、破損しやすいうえ比較的高価です。お客様の前まで運ぶときはもちろん、下げるときも細心の注意が必要です。少しでも破損していると、お客様の手や口を傷つける恐れがあります。傷や欠け、汚れがないか、1枚ごとに確認してから使用することが大切です。

取り扱い上の留意点
- 持ち運ぶとき、表面に指紋をつけない
- 一度に大量の皿を運ばない。大量の皿があるときは、ワゴンを使用する
- 洗浄後に拭く際は、繊維の残らない食器用リネンを使う

●グラス・ウェア（グラス器）類の取り扱いと管理

　高級なものほど薄く、破損しやすいのがグラス器です。特に脚付きグラスを一度にたくさん持つのは厳禁。拭くときも、力を入れすぎないように注意します。チップやひび割れには細心の注意をはらい、グラス器は透明なだけに汚れが目立ちやすいもの。お客様が口をつける縁の部分には触らないようにします。

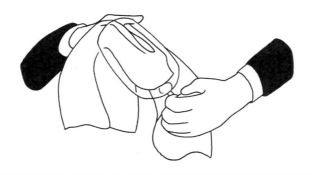

取り扱い上の留意点
- 脚付きのものは脚を、そうでないものは底部分を持つ
- 下げるときにグラスの内部に指を入れたり、縁に指をかけたりしない
- 基本的にはトレイを使い運搬する。ただし、脚付きのものは逆さにして脚部を持ってもよい
- 入念に洗浄し、熱いうちに専用のグラス用リネンで拭く
- サービスする前に、1つずつ汚れやほこりがついていないか確認する

●シルバー・ウェア（銀器）類の取り扱いと管理

　銀器とは銀製品以外の物も含め銀色の金属製の什器材をさします。

　銀器類は、お客様の口に直接触れるものが多く、特に清潔に保つことが大切です。なかでも高級な銀製品は、使用するうちに黒ずんでくるので、定期的なメンテナンスが必要です。長期間使用しない銀製品は、ラップフィルムで密封します。

　近年では費用と管理の手間の軽減をする為、スタイリッシュな酸化しないステンレス製の機器材も増えています。

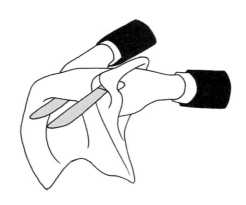

取り扱い上の留意点
・洗浄する際など、銀食器同士がぶつからないようにていねいに扱う
・プラターの上でナイフを使うとき、傷を付けないようにする
・ナイフ・フォーク類は必ず柄を持ち、刃に手を触れないようにする
・小型のスプーンなどを誤ってゴミとともに捨てないように注意する
・洗浄した銀器類は、熱いうちにリネンで拭く

● ショープレート（飾り皿）のセッティング

　お客様をもてなす時に使う『見せるための飾り皿』です。また、「決め皿」とも呼ばれ、たくさんのゲストを迎える場合、1人分のスペースを決め、座る位置を定めます。

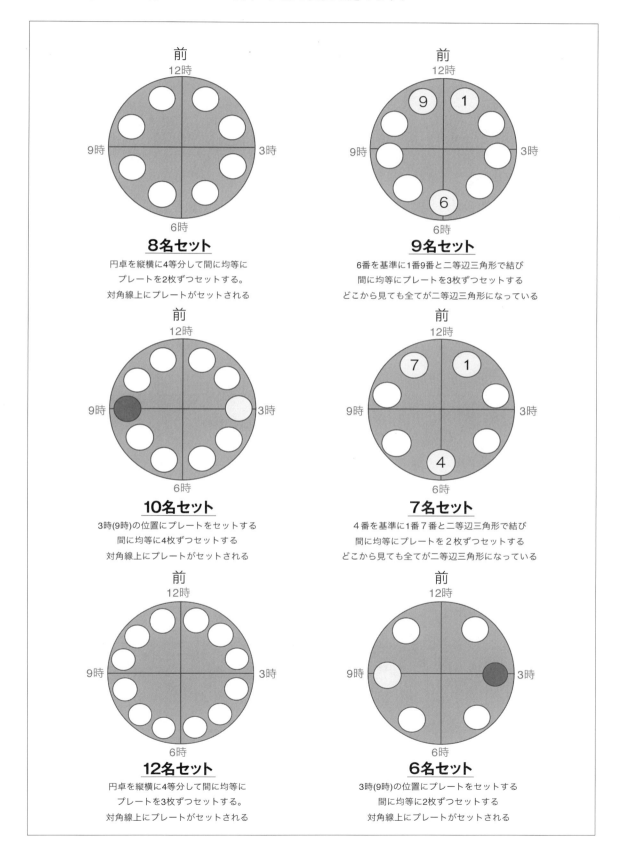

ナプキンなどをセットする

会場の雰囲気や、宴会のコンセプトに合ったナプキンをセットします。

●清潔なナプキンをショープレート（飾り皿、化粧皿）の上に手際よくセットする

ナプキンの折り方

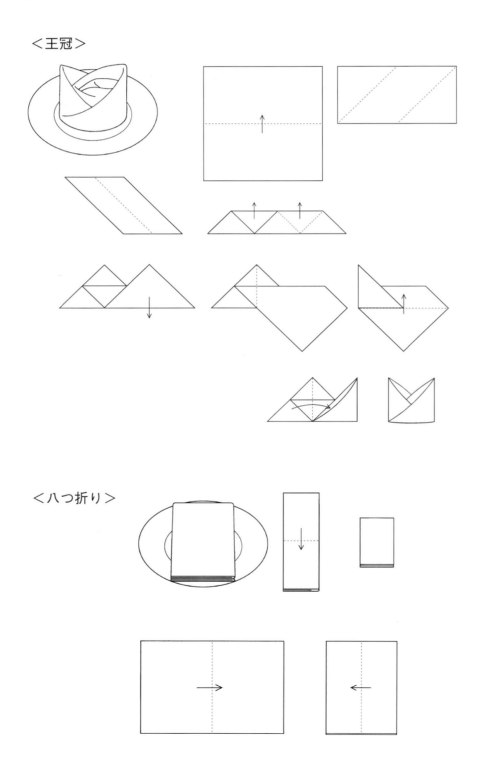

＜王冠＞

＜八つ折り＞

58

<雛形>

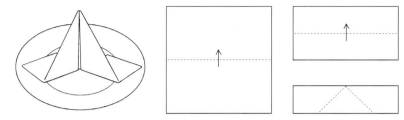

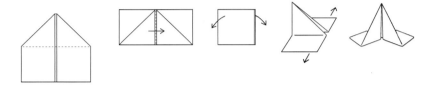

<扇>

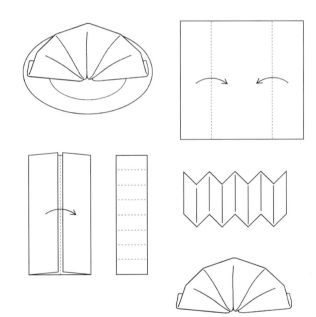

<ロール>

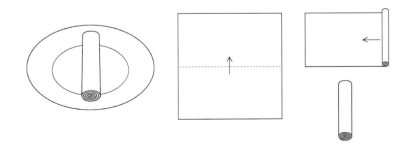

卓上アイテムをセットする

ペーパーアイテムや花などをセットします。

● メニューを所定の位置にセットする

● 席札は、ナプキンの前に立て掛ける
　氏名は席次表と注意深く照らし合せながら、誤記などがないか注意する

● 席次表のテーブル記号どおりに、テーブル記号札を卓上に置く
　会場の入口から見えやすいように、記号札の向きを整える

● テーブルの装花を飾る場合は、所定の位置にセットする

● 引出物を開催前にあらかじめ配置する場合は、所定の位置にセットする

● 卓上セッティングの終了後、イスを所定の位置に置く

● イスの座面や背もたれに汚れや損傷がないか注意し、必要に応じて取り替える

● チェアドレス（チェアカバー）がある場合は、テーブルクロスを掛けた後にセットする

● バタークーラーは、2〜3名ごとに1セット用意する
　お客様が座ったままの状態で手を伸ばして取れる位置にセットする

● テーブル全体の卓上のチャイナ類、シルバー類、グラス類が正確にセットされているか最終的なチェックを行う

＜卓上のセッティングの完成例（フルコース用）＞

●ナプキンを正式にセットしたのちショープレートと座面の位置がずれないようにイスをつける

サイドテーブルをセットする

サイドテーブルのセッティングをします。

●サイドテーブルに、予備用シルバー類・グラス類・ナプキン・爪楊枝・カスターセット（塩・コショウ）などを用意する

ブッフェスタイル（立食形式）の場合

立食ブッフェの会場のセッティングの手順は、まず料理をのせるブッフェボード（元卓）やメインテーブル、ちらしテーブルなどをテーブルプラン通りに正確に配置し、続いてシルバー類、グラス類、料理の順にセットします。

イスを用意する場合は、テーブルをセットしたあと所定の位置に配置します。

以下は、セッティング業務におけるポイントおよび留意点です。

シルバー・ウェア類、グラス・ウェア類のセッティング

●ブッフェボードに備えるナイフやフォーク、箸、取り皿など
（ボードの一方の端にセットする場合もあれば、数か所に分けてセットする場合もある）

●取り皿（通常はデザート皿）やフォーク（通常はデザートフォーク）、箸など
（通常ゲストの３替り分は準備しておく）

A、立食パーティー（ブッフェ）

① センターブッフェ

会場中央にブッフェボードを設け、周りに小丸、中丸テーブルを配し、それぞれに紙ナフキンスタンド、グラスなどをセットする。

お客様は、ボードから料理を取り分け、小丸、中丸などで食事する。

② サイドブッフェ

会場壁側にブッフェボードを設け、中央部分に大丸、中丸、小丸テーブルを配し、紙ナフキンスタンド、

グラスなどをセットする。

（それぞれの特徴ですが、①は中央にボードをセットすると、会場の装飾としての効果があり、華やかな効果が期待できるが半面中央のボードで会場が分断される面がある。）

①、②のサービスは、いずれもブッフェボードの係を配置して、キッチンスタッフと協力して、料理の盛り付け、レイアウト、差し替え等を行う。サーバー、取り皿、お手もとのセット及び補充などを行う。

散らしテーブルの担当者は取り皿、お手もと、グラスなどの下げを行い、ビールのオンテーブル補充、グラスの補充などを行う。

ドリンク担当者はビール、ウイスキー、焼酎、ウーロン茶などのサービスと下げを行い、ドリンクの出具合に充分気を配る。

③　フードイーチテーブルブッフエ（大丸立食ともいう）

大丸テーブルに和洋中ミックススタイルの料理を中・小プラッターに盛り付けたものをオンテーブルするスタイルです。

この場合、コールド料理は先付けとし、開宴乾杯後にホット料理をオンテーブルし、終宴前にデザートをオンテーブルする。

卓上セットは、取り皿、お手もと、紙ナフキン、ビール、ソフトドリンクなどをオンテーブルする。

③のサービスですが、開宴前にコールド料理、ビール、ソフトドリンクなどを先付けセットし、乾杯後コールド料理のサービス、下げをしながらホット料理のオンテーブルサービス、皿交換などを行う。その後、終宴前にデザートをオンテーブルしデザート用取り皿をオンテーブルしてサービスを行う。

④　オンテーブルブッフエスタイル（卓盛り形式）

「コンビネーションオンテーブル」ともいう。

基本は、オンテーブルされた料理をお客様が各々の取り皿に取り分けるスタイルで北海道、東北地方などに多く見られる。

大丸テーブルの中央にラウンドテーブル（回転卓）をセットし卓花、カスターセットなどを置く。テーブルセットは取り皿（大）（小）二種、お手もと、デザートナイフ・フォーク、ナフキン、グラスなどをセットする。

開宴後、コールド料理をオンテーブルし、お客様が各々の取り皿にプラッターから取り分けて食事をしますので、その補助サービスをする。お客様が取り分けて残った料理の取り分けサービスを行いコールドプラッターの下げと平行してホット料理のオンテーブルとサービスを行う。その間、お客様の取り皿の皿交換をトレーサービスにて行い、オンテーブルする和食、洋食、デザートなどの料理に応じた取り皿を料理そばに重ねてオンテーブルする。そして取り皿の下げ、交換などを繰り返し行い、その間にドリンクサービスも行い、料理出し終了後はテーブルのクリーンアップと充分なドリンクの補充を行う。

宴会サービスの方法

　サービスの方法によって分類すると、フレンチ・サービス、アメリカン・サービス、ブッフェ・サービス、ロシアン・サービスに大別できます。それぞれのサービスの方法には、次のような特徴があります。

フレンチ・サービス（French service）

　「プラッター・サービス（platter service）」「持ち回りサービス」ともいわれ、調理場でプラッター（銀盆）に数人分をまとめて盛り付けた料理をテーブルまで運び、お客様に料理をプレゼンテーションしてから、各人の皿に取り分けます。

　調理場の料理の盛り付け時間とお客様への料理の提供時間の短縮が図れる反面、サービススタッフのサービススキルが要求されます。

　近年では皿の形状や料理の盛り付けも進化しているため、あまりこのサービスが取り入れられなくなりましたが、欧米諸国の大規模なパーティーでは今でも一般的です。

アメリカン・サービス（American service）

　「プレート・サービス（plate service）」「皿盛りサービス」ともいわれ、一般的なスタイルです。あらかじめ調理場で個別のプレート（皿）に盛り付けた料理をレストランのようにサービスする方法です。調理場の盛り付けスペースと料理が冷めないための手際の良さが必要です。

　サービススタッフは綺麗に盛り付けられた料理を崩さないためにしっかりとした皿持ち、クイックなサービスが要求されます。

ブッフェ・サービス（Buffet service）

　あらかじめ各種料理やデザート等を料理用ボードに並べ「ブッフェボード」料理ボードや元卓ともいわれ、ゲストが飲み物以外をセルフサービスで自由に料理を取り、召し上がっていただくサービス方法です。欧米では「スモーガスボード」や「バイキング」とも呼ばれます。

　ブッフェスタイル（立食）とディナースタイル（着席）のスタイルがあります。

ロシアン・サービス（Russian service）

　「ワゴン・サービス」や「ゲリドン・サービス」ともいわれ、主に高級レストランで提供されるサービス方法です。サーモンやローストビーフの切り出し、クレープシュゼット、チーズ等が一般的です。

　お客様の目の前で料理を切り分けたり、ソースなどをかけ最終的な調理をして、各人の皿にサービスをします。最も優雅でハイクラスなサービス方法ですが、手間がかかる事などから、少人数で特別に格式を

重んじる宴会などで行うサービス方法です。

　近年では立食パーティーなどでも、演出のひとつとして利用されます。

宴会のテーブルプラン

　テーブルプランとは、宴会や会議における会場コーディネイト（ステージやテーブル、イスなど）の配置を示した図面のことです。

　予約受付書のテーブルプランに従って、会場にバンケット用のテーブルを配列します。

　バンケットの内容が多様化するに従い、宴会で使用するテーブルも様々な種類が用いられるようになっています。テーブルの組み合わせもバンケットホールの広さや、お客様の人数により、多様なテーブルプランが考えられますが、宴会場を華やかにみせ、卓上の料理が豪華で美しく見えるよう演出を工夫することが求められます。

　ここでは、テーブルプランの基礎知識として、まずテーブルの種類について整理し、続いて着席のテーブルプランと立食のテーブルプランについて学習します。

テーブルの種類

　通常宴会で使用するテーブルは、以下のようなレギュラーテーブルと円形テーブルに大別されます。

種類	サイズ（単位：mm）	用途
レギュラーテーブル	幅450×長さ1800	●スクール形式の会議などで使用されることが多いテーブルです ●2つ合わせて1間のテーブルとして使用することもある
	幅600×長さ1800	●一般に「ニイロク」テーブルと呼ばれる ●元卓や流しテーブル、会議などで使用される
	幅900×長さ1800	●一般に一間テーブルもしくは「サブロク」テーブルと呼ばれる ●元卓や流しテーブル、受付などで使用される
	幅900×長さ900	●変形テーブルや着席ブュッフェのちらしテーブルとして用いる ●半間テーブルと呼ばれている
	幅900×長さ1200	●変形テーブルとして用いる
円形テーブル	直径 900	●4～5席用　正餐スタイルで4席
	直径1200	●4～6席用　正餐スタイルでゆったり5席
	直径1350	●5～7席用　正餐スタイルで6席
	直径1500	●6～7席用　正餐スタイルで7席
	直径1800	●8～10席用　正餐スタイルでゆったり8席

テーブルプラン

会の目的や趣旨、参加人数などを加味して、様々なテーブルプランを作成します。

【ディナースタイル（着席）】

流しテーブル

「一本流し」とも呼ばれ会場に一列だけテーブルを配置します。
会食やミーティングに利用され、遠足スタイルとも呼ばれます。
お客様同士がお互いに向かい合って座ります。
客席の間隔は通常、約60～80cmに設定します。

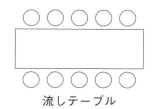
流しテーブル

コの字型

「U字型」とも呼ばれ、「コ」の字の形にテーブルを配置するスタイルです。
スクリーンを使ったミーティングで最も多く使われるスタイルです。

コの字型

ヨの字型

「E字型」とも呼ばれ、「コ」の字型より人数が多い場合に利用されます。
等間隔に3列を並列に配したテーブルから、メインテーブルを切り離して配置する変形プランもあり、「三本流し」とも呼ばれます。
会合や会食、ウェディングにも利用されます。

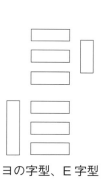
ヨの字型、E字型

Tの字型

「T」の字型にテーブルを配置するスタイルです。
企業の株主総会や各種団体の総会などに多く利用されます。

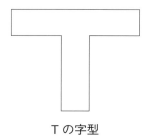
Tの字型

ロの字型

「ロ」の字型にテーブルを配置するスタイルです。
ミーティングや会食に多く利用されます。
テーブルの組み合わせ方で、長方形や正方形にもなるため、会合の種類、目的、出席者数などに応じてスタイルを変形できます。

ロの字型

ちらしテーブル

正方形のレギュラーテーブルや丸テーブルを使用して開催され、立食パーティーや着席スタイルでのディナーショーにも利用されます。

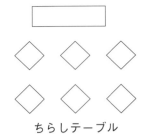

ちらしテーブル

円卓テーブル

結婚披露宴や正餐などのディナースタイルや大人数による立食パーティーとして利用されます。

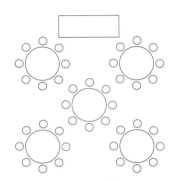

円卓テーブル

教室型

「スクール」「セミナー」スタイルとも呼ばれ、大規模なミーティング、総会、説明会などで利用され、テーブルを設置している事から、お茶やコーヒー、お水などのサービスが行われる事が多く、長時間利用されます。

■スクールスタイルの会議

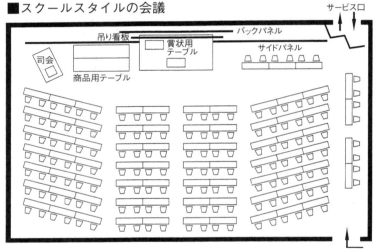

劇場型

「シアター」スタイルや「シアター」プランとも呼ばれ、比較的短い時間でおこなわれるセミナーや説明会、講演会などで利用されます。演壇に向かって平行に、多数のイスを配置するスタイルでテーブルは設置しません。

■シアタースタイルの会議

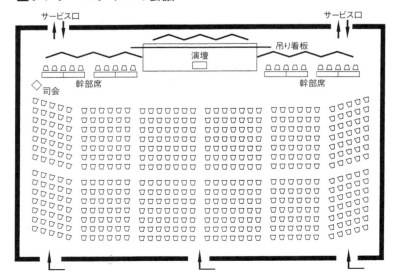

【カクテル・ブッフェスタイル（立食）】

立食の場合、料理はブッフェ式です。
テーブルプランには、センター・ブッフェ、サイド・ブッフェ、大型センター・ブッフェなどがあります。

センター・ブッフェ

ブッフェ・ボード（料理ボードまたは元卓）を会場の中央に配置するプランでチラシテーブルを配します。センター・ブッフェの特徴は、ブッフェ・ボードを囲むように列席者が集うため、会場が落ち着いた雰囲気となります。

サイド・ブッフェ

ブッフェ・ボードを会場の壁際に配置するプランで、中央部分にチラシテーブルを配します。
会場を広く有効的に使用出来るため開放感が感じられる特徴になっています。

大型センター・ブッフェ

広い会場の中央にブッフェ・ボードを配置するだけではなく、舞台や模擬店、バーコーナー、デザートコーナーなどテーブルの配置にも趣向を凝らしてあるものが多く、大規模宴会で用いられるケースが比較的多いのも特徴です。

ブッフェ式は立食が基本ですが、高齢者や年配者、休憩者に対する配慮として椅子を用意するケースも多く見られるようになりました。

＜ブッフェ式会場のレイアウトの一例＞

■立食ブッフェ式（センターブッフェ）のフロアプラン例

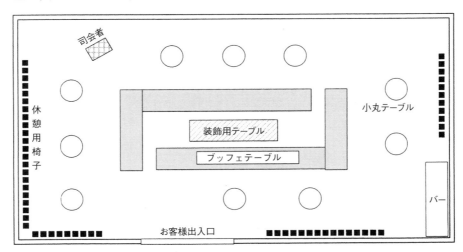

宴会フードメニュー

　宴会におけるサービスするフードの種類によって分類すると、西洋料理、中国料理、日本料理、和洋中などの折衷料理に大別できます。

　それぞれのフードメニューには、次のような特徴があります。

西洋料理（フランス料理）

　宴会で洋食料理をコースでサービスする場合、その多くは世界三大料理の一つであるフランス料理が基本となっています。

　ディナー（正餐）のフルコースの場合、通常では次のような流れで料理をサービスします。
　オードブル⇒スープ⇒魚料理⇒ソルベ⇒肉料理・サラダ⇒チーズ⇒デザート⇒コーヒーまたはティー

　料金やお好みのコース料理により料理の品数の変更される場合があります。
　世界三大料理はフランス料理、中華料理、トルコ料理で宮廷文化が背景にあると言われています。

中国料理（中華料理）

　中国料理には大きく分けると上海、広東、北京、四川の四大中国料理があります。
　上海は、魚介類や海産物を使った料理が多く、上海ガニが有名です。
　広東は、海老やカニなどの魚介類からツバメの巣やフカヒレなどの高級食材が有名です。
　北京は、寒い地方独特のニンニクやネギ、食用油を多用し、北京ダックが有名です。
　四川は、食材を保存するために使う香辛料の辛さが特徴で、麻婆豆腐が有名です。

　フランス料理の様に魚料理や肉料理といった定められたフルコース料理ではなく、一般的には汁気のないものを先にサービスし、汁気のあるものをあとに出します。

　前菜（冷菜・温菜）⇒主菜料理（揚げ物、炒め物、焼き物、あんかけ料理、煮物、蒸し物など）⇒湯菜（スープ）⇒点心（焼売・餃子・麺類・包子など）

日本料理（和食料理）

　正式な料理は「本膳料理」一汁三菜を料理の基本としていますが、一般的に宴会でサービスする料理は「会席料理」宴会形式となっており、次のような流れで料理をサービスします。

前菜⇒吸物⇒刺身⇒煮物⇒焼物⇒揚物⇒蒸物⇒酢の物⇒ご飯・留め椀・香の物⇒水菓子

（料理長のおしながきや季節の献立により、料理の品数や提供順序が変更がされる場合がある）

和洋中などの折衷料理

主催者側の意向や地域的な特性などによっては、和食や洋食、あるいは中国料理などの折衷料理をサービスするも場合もあります。

ブッフェスタイルの立食の料理では近年において、人気の高いイタリア料理やカリフォルニア、エスニック、アジアン料理をメニューに入れるケースも目立ってきています。通常コールドディッシュ（冷製料理）とホットディッシュ（温製料理）、会場で料理する模擬店形式の料理、デザートから成り立っています。

宴会の種類

英語のバンケット（banquet）とは、宴会、晩餐会、祝宴、ごちそうなどを意味しますが、ここでは会議など、飲食をしない集会も含めて紹介します。

≪一般宴会・集会≫

【学校関係のパーティー】

同窓会・クラス会
同窓会とは小・中・高・大学、専門学校・大学などの同じ学校の卒業生による同窓親睦会、クラス会は同じクラスの同級生の集まりをさす言葉です。

謝恩会
専門学校や短大、大学などが主催し、学校全体で行う規模の大きなものから、クラスやゼミ単位で行う比較的規模の小さいものまで様々。恩師を招待して感謝をあらわし、卒業を祝う会です。高校以下中学・小学校、幼稚園でも開催され、いずれも父兄同伴になります。

【季節にちなんだパーティー】

新年会（名刺交換会・賀詞交換会）
経済団体や業界団体による新年の祝賀会です。他企業や他団体の人々とコミュニケーションを深める目的で開催され、名刺が交換されます。

納涼会

サマーパーティープランやビアパーティープランとも呼ばれ、7月から8月にかけて多く開催されます。

納涼会は会社単位での開催より、部や課単位での開催が中心となります。

忘年会

例年11月の後半から12月末まで開催される、「年忘れ」の会です。

会社（職場）、同窓、各種クラブ、友人など様々な集まりがあり、小規模なものから大規模なものまであり、飲食や余興が中心となっています。

クリスマスパーティー

ホテル（式場）などの企画で行われるものと、主催者が会場を貸し切って行われるものがあります。

クリスマスにちなんだアトラクションや音楽、料理などを楽しむパーティーで、ファミリー向けもよく企画されています。

【節目に際してのパーティー】

歓送迎会

歓送迎会は歓迎会と送別会を併せた言葉で、企業や官庁、病院、学校、各種団体等の人事異動にともなう歓迎や送迎を祝って催す宴会です。

開催時期は送別会が3月頃、歓迎会が4月から5月頃が一般的です。

竣工披露パーティー

一般企業や工場、病院、学校などが建物を新築、または改装した際に、顧客や取引先、工事関係者などを招待して行われるパーティーです。

現地の建物へ料理や飲物、その他の必要機材を運んで行うケータリング形式の場合と、修祓式などのセレモニーは現地で行い、パーティーはホテル（式場）で行う場合とがあります。

落慶法要

寺院が本堂や山門などを新築または改装した際に、その落成を祝って行われる儀式のことです。

現地でケータリングパーティーの場合とホテル（式場）のバンケットホールを使用する場合とがあります。

周年（創立）記念パーティー

企業や団体、病院、学校などが創立からの節目の年に行う記念パーティーです。

節目の年は創立から10年、15年、20年の区切りのよい年数に行われる場合が多く、特に50周年や100周年は盛大に行われます。

叙勲祝賀会・園遊会

叙勲とは、社会的な貢献度が高い人に国が勲章を与える事です。

叙勲祝賀会は、勲章の受章を祝って行われるパーティーを指します。

ちなみに叙勲は春の「昭和の日」と秋の「文化の日」の年に2回行われ、これを春秋叙勲といいます。

園遊会は天皇陛下・皇后陛下が主催する野外での社交会（宴会）です。

出版記念会

著書の出版を記念して、著者の友人・知人、出版社などが中心となって開く宴会です。

受賞会

文学賞、学術賞など各種の受賞を祝う宴会で、規模の大きなものでは千人を超える関係者が出席します。

【家庭の慶事を祝うパーティー】

ホテル（式場）やレストランの個室などで行われるプライベートな慶事を祝う宴会です。

人生の節目には様々な祝い事があり、家族、親類縁者、友人・知人などが集まって行われます。

子供の成長の祝い事

お宮参り、初節句、初誕生祝い、誕生祝い、七五三

合格祝い、入学祝い、入園祝い（幼稚園）

卒業祝い（小・中・高・大）

お稽古ごとの発表会のお祝い、入賞祝い

結婚記念の祝い

年数	名称	年数	名称	年数	名称
1	紙婚式	9	陶器婚式	25	銀婚式
2	綿婚式	10	錫婚式	30	真珠婚式
3	革婚式	11	鋼鉄婚式	35	サンゴ婚式
4	花婚式	12	絹婚式	40	ルビー婚式
5	木婚式	13	レース婚式	45	サファイア婚式
6	鉄婚式	14	象牙婚式	50	金婚式
7	銅婚式	15	水晶婚式	55	エメラルド婚式
8	青銅婚式	20	磁器婚式	60	ダイヤモンド婚式

●長寿の祝い

年齢	名称	いわれ
61	還暦	生まれた年の干支に戻る。子供に還る意味で赤いものを身につける
70	古稀	唐の詩人杜甫（とほ）の「人生七十古来稀なり」という詩の一節に由来する
77	喜寿	「喜」の字の草書体「㐂」が、七十七に通じることに由来する
80	傘寿	「傘」の字を略すと、「八十」となることに由来する
88	米寿	「米」という字は、「八十八」になることに由来する
90	卒寿	「卒」の略字「卆」が「九十」になることに由来する
99	白寿	「百」の字に「一」が足りないので、「白」となることに由来する
100	上寿	百寿（ひゃくじゅ・ももじゅ）とも呼ばれ寿命の長いことをさす

その他の祝い

・新築祝い　　　・開店・開業祝い　　　・栄転祝い

・昇進祝い　　　・退職祝い　　　　　　・親族会など

≪企業宴会・集会≫

　企業や団体の宴会の目的は、様々なお披露目や、慰労（社員の家族招待慰労会や労働組合の慰労会）、招待（得意先や顧客を招待して日頃の愛顧・厚情を感謝して行う）、表彰（社員や職員の業績や永年勤続などを表彰し、祝う）などです。

　企業宴会は、大きな会場において大人数が参加する場合が多いので、概要を理解しておくことが求められます。

【企業】

就任披露パーティー

　企業の代表（会長、社長など）の就任を披露する宴会です。

　取引先、関係先などが招待され、大企業になるほど規模も大きく、ときに数百〜千人単位におよぶ場合もあります。各種団体による代表就任披露もあります。

設立（開業）披露宴

　新会社や支店、営業所の設立や開業のスタートと発展を披露し、祝う宴会です。

完成（竣工）披露宴

新社屋や工場施設などの完成を披露する宴会です。

得意先、関係先、マスコミなどが招待されて行われます。

創立記念会

「創立○○周年」を祝う宴会で、式典をともなう場合が多いです。

一般的に10年、15年、20年など区切りのよい年数に合わせて行われ、招待客も宴会規模も大きなものが多いです。各種団体や学校関係による創立記念会もあります。

優績者招待会

規模の大きなセールスコンテストで優秀な成績を収めた社員を招待するイベントが優績者招待会です。

インセンティブ（報奨）パーティーともいい、社員のモチベーション（意欲）向上を目的としています。

協力者招待会

企業などで社内セールス（職域募集）を行う際の窓口となる部署の担当者を招待して開催する宴会です。

系列店招待会

・系列特約店招待会

家電メーカーなどの系列特約店がメーカーから招待されます。

・優秀特約店招待会

年会販売実績の高い特約店を招待する会で、販売コンテストの表彰に続き懇親パーティーが開催されるのが一般的です。

・新商品発表会

他に音楽関係や試写会、ファッション、食品・飲料などの発表会もあります。

展示会・展示即売会

バンケットホール内に美術品・高級家具・スポーツ用品・ブランド品・質流れ品・呉服・毛皮・紳士服・婦人服・仏具・宝石・貴金属・車・コンピューターなどの展示や、展示即売会も行われます。

お得意様招待会

デパートや販売会社では売上の中心となるお得意様（定期利用客）見込み客をホテル（式場）に招待して商品の販売促進を行います。展示即売会の後で食事会が開催される場合もあります。

学術講演会

製薬会社が開催する講演会を指す言葉として主に使われます。

新薬発表会

製薬会社が新薬を発表する際に開催する非常に重要なイベントです。

【社会奉仕団体等】

ライオンズクラブ

社会奉仕団の代表的なもののひとつであるライオンズクラブは、アメリカのシカゴに本部を置く国際的な社会奉仕団体のことで、L（Liberty 自由）、I（Intelligence 知性）、ONS（Our Nation's 我々の国の安全）という言葉の頭文字をとってLIONSと付けられました。

ロータリークラブ

国際的な社会奉仕連合団体「国際ロータリー」のメンバーである単位クラブです。最初のクラブが例会の場所を輪番(ローテーション)で提供しあったことから「ロータリー」の名がついたと言われています。

【協会、組合】

総会及び理事会

協会や組合の理事会と総会は、例年５月頃に多く開催。理事会は役員のみが出席し、総会はその協会や組合に所属する人々すべてが出席します。
理事会は少人数のロの字スタイル、総会はスクールスタイルで開催されることが多く、その後に懇親会が行われます。

賀詞交歓会

一般企業の新年会に当たるもので、１月の５日頃から２月上旬位に開催されます。

【その他のパーティー】

朝食会

経済団体の役員、政党の議員、企業の管理職などが、比較的スケジュールに都合がつきやすい早朝の時間帯に朝食をはさんで行う会議や懇親会、連絡会などです。
類似した趣旨の「昼食会」もあります。

チャリティーパーティー

企業や各種団体が災害・事故・社会福祉・開発途上国や戦争難民の救済等の支援・援助を目的として開催するパーティーで、会費の一部や募金、オークションなどを行い寄付を行います。

≪ブライダル≫

　ホテル（式場）における宴会のなかでも、特にブライダルはホテル（式場）の重要な収入源となっています。ブライダルにまつわる宴会には「お見合い」「結納」「挙式」「結婚披露宴」「二次会」があり、それぞれ次のような特徴があります。

お見合い

　ホテル（式場）のティーラウンジやレストランは、雰囲気やサービスのよさからお見合いの場として利用されることが多い場所です。
　お見合いに同席する人数は多くても8名程度（本人、親御様、仲人夫妻）で、ラウンジやレストランなどの個室を使用する場合、基本的にホテル（式場）側がこれを宴会として扱うことはありません。
　しかしホテルや式場におけるお見合いは、後の結納や挙式、結婚披露宴などの宴会につながる可能性があるので、この点を考慮して対応しなければいけません。

結納

　正式に婚約がととのったことを確認する日本独特のしきたりであり、両家の間で金品を取り交わす儀式です。かつては仲人が両家を往復するなど伝統的な方法で行われていましたが、地理的な条件や住宅事情などからホテル（式場）などで両家が一堂に会して結納式を行うことが増えています。
　結納式に続いて、お祝いの会食が行われています。

挙式

　婚礼において最も大切な意味をもち、二人が夫婦になることを誓い、それを周囲に認めてもらう儀式です。わが国では「神前式」か「キリスト教式」の形式で行われる場合が多く、ホテル（式場）内に設置された「神殿」や「チャペル」などで儀式が執り行われます。
　その他にも「仏前式」「人前式」などの他、「シビルウェディング」（市民結婚式）があります。

結婚披露宴

　挙式に続いて行われ、結婚した二人がお披露目を行う場であり、列席者がそれを祝福するパーティーです。大多数は宴会場で開かれますが、最近はレストランウェディング（Restaurant Wedding）も増えています。
ホテル（式場）での披露宴は通常、開宴から終宴まで約2〜3時間でその間、会食をともないながら様々なプログラムが進行して行きます。最近では形式にとらわれない披露宴と2次会の中間にあたる1.5次会も増えています。

婚礼二次会

婚礼二次会は、披露宴のあとに行われる宴会のことで、披露宴終了直後に行われる場合と日を改めて行われる場合があります。二次会の形式は様々で、披露宴の流れでラウンジなどに席を移して行うものや、新郎新婦の知人・友人、同僚などが世話役となって会費制のパーティーを行うものなどがあります。ホテル（式場）ではレストラン、ラウンジ、バンケットホールなどが利用されます。

≪コンベンション≫

コンベンションとは、特定の目的を持った大勢の人々が、一定の場所に集まって目的に関する活動を行うことで、集会や代表者大会を示します。わが国では国際会議をさしてこう呼ぶ場合が多いようです。

今日のホテルは都市や地域のシンボル的存在であり、またコミュニティ・センターとしての機能や役割を果たしていることから、ホテルにおけるこの種の利用ニーズが高まっています。遠方や外国からの参加者のため宿泊がセットされていることもあります。

ホテルで開かれることの多いコンベンションには次のような種類があります。

国際会議

各国政府系関連団体、国際公共団体、各国民間団体などが国際的な問題について討議・決定するために多数の国の代表者によって開かれる会議です。

諸団体の会議

経営者団体、産業別団体、理事会、連合会、協会、政党、労働組合などの関係者が集まって行う会議や総会（年次総会・臨時総会）です。

学術会議／各種学会の会議

大学や研究機関、学術組織の会議で、全体会議と専門分野別分科会などが数日にわたって開催されることもあり、国際的な会議も増えています。

≪各種セミナー≫

政党や政治団体、企業の経営者や管理職などが勉強会や共同研究、講演会などを行うものです。参加者の親睦や交流も大切な目的で、数日にわたることも珍しくありません。

～ MICEの開催・誘致の推進 ～

　MICEとは企業等の会議（Meeting）、企業等の行う報奨・研修旅行（Incentive [travel]）、国際機関・団体、学会等が行う国際会議（Convention）、イベント、展示会・見本市（Event/Exhibition）の頭文字のことで、多くの集客交流が見込まれるビジネスイベントなどの総称です。

　平成19年１月より施行された観光立国推進基本法に基づいて、日本政府は観光立国の実現に関するマスタープランとして「観光立国推進基本計画」を策定しました（平成19年６月29日閣議決定）。MICE開催地としての認知度向上のために海外見本市への出展等各種プロモーション事業を実施するとともに、アジアにおける最大の開催国を目指すことを目標にしています。この目標を達成するためには、官民を挙げて取り組んでいく必要があり、政府としても国際会議開催・誘致拡大局長級会合において「国際会議の開催・誘致推進による国際交流拡大プログラム」を策定。この数値目標の達成に向けて、国・自治体・経済界・学会等の有する資源を集中的に投入し、国を挙げて国際会議の開催・誘致を推進してきたところです。　国際会議以外のMICEの推進についても訪日外国人旅客の増大、経済効果、地域の国際化・活性化等に大きな意味を持つことから、観光庁としても国際会議だけではなくMICE全般を振興していく必要があります。

≪その他≫

【説明会】

商品説明会

コンピュータなどの説明を要する商品・製品を案内する会です。

企業が顧客や関係先を招待し、特典やお土産を用意することもあります。

学校説明会

主に私立の大学、高校、中学、小学校や専門学校の入学案内を行う会です。

会社（就職）説明会

企業が人材を確保するために行う会社の説明会です。とくに新卒者を対象に開かれることが多いです。

単独で行う企業もありますが、複数の企業が合同で開催する場合もあります。

旅行説明会

海外旅行や特異な国や地域など、説明を要する旅行を企画する旅行代理店が主催する説明会です。ビデオやパンフレットを使って、旅行プランを紹介します。

記者会見

　有名な歌手、俳優、タレント、スポーツ選手などの婚約や離婚などは、報道関係者を集めて発表されます。このほかにも政治家や学者、芸術家などが、重要な発表（会議の前後や受賞記念の後など）を行う会見もあります。

【ショー】

ディナーショー

　歌手やタレントなどのショーと豪華なディナーをセットにしたホテル（式場）で行われるイベントです。歌手や舞台設備、料理、飲物などに費用がかかるため、一般に高額商品となっています。

　ディナーショーは、ホテル（式場）が主催するものと、企業等が主催し関係者（社員の家族・販売店等）への招待会に利用するものなどがあります。

ブライダルフェア

　ホテル（式場）におけるブライダル商品の販売促進の一環として行われます。

　ホテル（式場）が主催し、式場、会場、衣装、料理、テーブルセッティングなどブライダルに関する様々なものの紹介・案内を行います。

　新郎新婦のモデルを使ってのファッションショーや料理の試食会も人気があります。

【葬祭・法事】

　葬祭市場（おめでたくないライフイベント）は慶事市場（婚礼などのおめでたいイベント）とは逆に、亡くなる人の数がその市場の行方に大きな影響を与えます。高齢化社会は言葉を換えれば亡くなる人の増加を意味する社会とも言えます。

　こうした中、ホテルや式場はセレモニーホールで行われている法事や偲ぶ会も増加傾向にあり、今後もその傾向は続くと予想されます。弔事商品が増すことは慶事市場の縮小を回避させることにつながるとも言えるでしょう。

葬儀

　一般には寺院などで行われますが、社葬や団体葬、有名人の個人葬がホテル（式場）で行われる場合があります。

　日本の葬儀のほとんどは仏式ですが、「偲ぶ会」「お別れ会」などとして宗教によらない葬儀もあります。

　葬儀・告別式終了後に、会食が行われる場合もあります。

法事

　四十九日、一周忌、三回忌などの法事は一般的には寺院で行いますが、場所や参列者の都合などからホテル（式場）における法事も増えています。

参列者が献花をし、式の後、会食をしながら個人を偲びます。

寺院での法要後、会食のみをホテル（式場）で行う場合も多くあります。

【講習会・講演会】

主に女性客を対象とした各種講習会や、各界の著名人（学者・芸術家・評論家・政治家・話題の人など）による講演会、セミナーなどを行うものです。

顧客化をすすめるため、ホテル（式場）が主催する場合も少なくありません。

ケータリング／出張パーティー

ケータリングとは出張宴会のことで、ホテル（式場）の施設を利用するのではなく、宴会のサービス部門が主催者の指定する場所で行う宴会（バンケット）サービスです。

宴会料理やドリンク類のデリバリーだけでなく、サービススタッフ、調理スタッフ、皿やグラス、シルバー、テーブル、イス、クロス等、什器、備品一式を提供する場合もあります。

宴会の種類や目的も少人数の着席形式から立食形式のパーティーまで多種多様です。

ケータリングは、新社屋披露パーティー、展示会後に開催される宴会や、誕生会、クリスマス会、記念日など友人や近親者が内輪で開く宴会などに利用されます。

ホームパーティー・ガーデンパーティー・テーマパーク・水族館などにケータリングする事もあります。

≪主催者による区分け≫

【個人が主催するパーティー】

個人的な関係を中心とするパーティーで個人やグループ（趣味、職場、クラブ）などが催します。

結婚披露宴をはじめ、家族や知人、友人などの慶事を祝う会や法事、忘年会等の季節的行事などがあり、開催費用は主催者個人の負担か会費制の場合が多く、飲食を中心とするパーティーが中心となっています。

【法人などが主催するパーティー】

一般企業や官公庁、各種団体（協会、組合、連合会、学会、ロータリークラブ、ライオンズクラブ、日本青年会議所等）、学校関係などが主催します。

会社設立や企業トップ交代の披露、周年記念祝い、歓送迎会、新年会、忘年会、国際会議、セミナー、発表会、展示会、招待会などです。

招待形式が多く、開催費用は主催者が一括して負担する場合がほとんどです。

飲食を中心とするものと飲食をまったくともなわないもの、式典・会議・発表会・展示会等の開催と併せて飲食をともなうものなどがあります。

会場の設営は、ホテルや式場などが行う場合と主催者側が行う場合があります。

遠方や外国からの参加者のために宿泊をセットして販売することもあります。

【ホテルや式場等が主催するパーティー】

ホテルや式場等が企画して、主催するパーティーとしては、ディナーショーや講習会や講演会、ファミリーを対象にした夏休みイベント、クリスマスや年越しなどの季節的な催事などがあります。

特定の顧客を対象にした招待形式のもの、広告などによって参加希望者を広く募集して行う無料のものから有料のものまで、費用の負担方法は多種多様です。

イベント的要素の強いものが多いため、催事に飲食が伴う形式が多くみられますが企画内容によって異なります。

【プロトコール（国際儀礼）を必要とするパーティー】

フォーマルな内容の宴会で、国賓をはじめとする国内外のVIP（Very Important Person 最重要人物）が出席する場合や、公式な外交行事などの場合には、プロトコール（国際儀礼）に則った形式で正しく接遇しなければなりません。関係の官公庁への届け出が必要なこともあります。

料理や飲料の内容も特別メニューのものが多く、ユニフォームも通常のものではなく、タキシードや燕尾服等で格式を重んじ、白手袋でサービスする場合もあります。業界内より選別された調理スタッフやサービススタッフがその日のために国家を挙げて集結してサービスを行う特別な晩餐会等もあります。

席順、国旗の扱いなどについては主催者と綿密な打合せを行い、場合によってはプロトコールの専門家や外務省、宮内庁などの儀典の専門家からの指示を仰ぎ、間違いのないように、より慎重な対応が必要です。あらかじめ当日と同じスタッフを揃え、リハーサルなども入念に行います。

また、主催者や出席者自身で対処することではありますが、招待状の作り方、ドレスコード（服装のルール）、迎賓の仕方などについても熟知しておきたいものです。

こうした行事が多く催されるホテルでは、少なくても主要な国々の掲揚用及び卓上用の国旗の用意が必要です。

プロトコールとは

　世界には数多くの国があり、それぞれの国には大切にしているしきたりや習慣があります。しかし複数の国が一堂に会して会議や会食を行う時には、共通の約束事を決めなければ混乱が生じます。
　そこで国家間の儀礼上のルールを決めたのです。それがプロトコールです。

　しかし企業や個人レベルでの国際交流が盛んになっている現在は、日常生活においてもプロトコールが求められることが珍しくなくなってきました。

　言葉や文化、宗教などが違う外国人同士が、お互いを尊重し合えるようにと考えられたプロトコールですが、しきたりや風習が違う日本人同士がお互いを受け入れやすくする手助けにもなります。

　サービスをする立場としては、お客様のご案内や席次、レシーピングラインなどのご提案に大きく関わってきます。
　すべてのお客様に心地良く過ごしてもらえるようプロトコールの基本を身につけましょう。

エチケットとマナー

　プロトコールの前に、エチケットとマナーを整理しておきましょう。

　エチケットとは、個人的な社交上の礼儀作法であり「形」です。
　マナーとは、個人的な社交上の思いやりであり「心」です。

　テーブルマナーを例にしてみます。
　会食のシチュエーションとしては、大きく分けて次のような三つの場面が考えられます。
○国際的な場（プロトコール）＝晩餐会、叙勲パーティー、国際親善パーティーなど
　　（対象＝貴族・王族・皇族・大使館関係者・外交官、国際交流活動者など）
○ビジネスの場（マナー）＝接待、歓送迎会、祝賀会、各種パーティーなど
　　（対象＝企業、組織、サークルなど）
○プライベートの場（エチケット）＝結婚式、デート、誕生会、七五三、お祝い事、法事など
　　（対象＝友人・知人、恋人、家族・親族など）

　プロトコールは国際的なルールですが、その目的は互いに敬意を表し、公平に接し、心配りをすることですから、最上級なマナーとも言えるでしょう。

～ 快食するための三つのポイント ～

　人間にとって食べるということは、生きる上で欠かせないことです。その中で人と人が出会い、食事を共にする行為が会食なのです。会食の場面をさらに一歩進めた「快食」にするために配慮することが三つあります。
　第一　本質的に相手の存在を認めて受け入れ、厚意あるエチケットを持つこと　"身"
　第二　共に食することに感謝し、相手をもてなす作法のマナーを心得ていること　"心"
　第三　お互いに共通するルールの型を理解していること　"芯"
　いつでも自分自身の"芯"に礼儀を持って相手に接し、相手との人間関係に"心"をもって、人としての行儀のよい作法を持った儀礼の行為になり、その個人の品性・品位・品格を表現することになります（三象三しん哲学）。それを図に表すと、次のようになります。

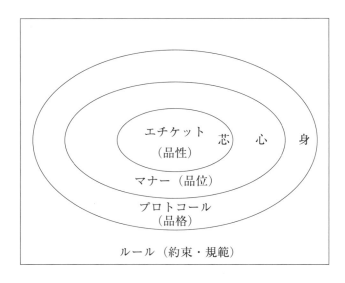 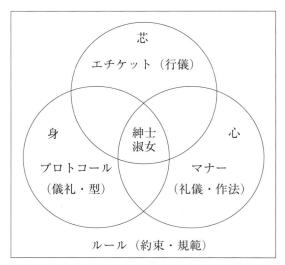

2006.　A. Ohtani

プロトコールの5原則

1、序列の重要性（Rank Conscious）

　国際間では、基本的に序列は明確に示されています。
　例えば大使の序列は着任の順で決められており、国の大小や大使の年齢などは関係ありません。ちなみに着任とは、大使が赴任した国の元首に信任状を奉呈する「信任状奉呈式」を終了した時点となります。

　式典や公式行事などでの並び順や席次、晩餐会などでのレシーピングライン（立礼の列）の順番、食事での席次などは、序列によって決まります。

　通常の場合、年齢であれば目上の方が目下よりも序列が上です。

企業であれば、序列は上から会長、社長、専務……と続きます。

集まる会の趣旨や参加者により、序列は変わってきます。

例えば同窓会であれば、卒業年度が早い方（年齢）が序列は上でしょう。しかし企業の宴席であれば、当然会社での役職が年齢よりも優先されます。

ですから、序列の事前確認は大変重要です。

2、右上位（Right the First）

プロトコールでは、右側を上位とします。

席次では右側が上席となります。しかし、どこから見て右なのか、理解が必要です。

まず主催者の位置を決めます。その右隣に主賓第一位の人、左隣が第二位の人となります。夫婦が同席する場合は、男女交互に配席する場合と、そうではない場合があります。

会の趣旨によってはこの限りではありませんが、テーブルに同席するメンバーとその席次はデリケートな問題ですので、いずれにしても事前確認が大変重要です。

また、皇室がご臨席になる場合は皇室の席次プロトコールにより決められます。

3、返礼・相互主義（Reciprocate/Reciprocity）

国家間では、祝儀、不祝儀に関わらず、これまでのお付き合いの度合いに応じて代表者が相応の対応をします。

また、招待や接待を受けた後には、お返しをします。例えば晩餐会に招かれたら、答礼晩餐会を催し、訪問を受けたら、こちらからも訪問し、プレゼントを頂いたら、お礼の品を贈るなど、受けた儀礼に相当する儀礼をお返しするのが基本です。

友好な関係作りには、必ず相互関係が必要です。

4、異文化の尊重（Local customs respected）

文化や風習は、国によって違います。

歴史や宗教、気候などによって形づくられた行動様式には、時には自国と全く違う価値観が存在していることもあります。

プロトコールとは国際間のルールですが、その根底には相手の国の文化や習慣を理解し、尊重しようとする姿勢が必要です。

5、レディーファースト（Lady first）

　女性を大切に守ろうとする騎士道の精神から生まれた社交上の儀礼です。

　序列とは無関係であり、女性上位ではありません。あくまでも女性を思いやり優先するという配慮です。

　もちろん国際社会だけでなく、普段の社交の場面でも求められることでしょう。

　ただし女性の側にも、大切にされるに値する品性が必要です。常に相手を敬い、相手を立てるなど、謙虚で美しい言動が求められます。

会場設営

　国際会議や国際交流の場においては、プロトコールに基づいた会場設営をします。

　国家間がお互いに気持ちよく受け入れやすい状況を作るため、慎重に準備します。

国旗

　国旗は国の象徴です。それ故に、取り扱いには細心の注意が求められます。

　相手国への敬意を表し、決して失礼がないように国旗をセッティングすることは、国際親善の根幹であると心しておきましょう。

日本の国旗

　「日の丸」は、日本の慣習や伝承によって日本の国旗として定められました。

　日の丸が歴史に登場したのは14世紀という説もありますが、いずれにしても日本を象徴する印として海外との戦闘などで使用されてきました。

　明治3年（1870年）には、日本の船に掲揚するこのとして、国旗の様式やサイズ、掲揚の方法が規定されました。明治5年（1872年）には、陸上の官庁にも掲揚するように通達があり、その後国民が日の丸（日章旗）を国旗として認識するようになりました。

日章旗の詳細
　旗の彩色　白地に紅色の日章
　旗のサイズ比率　縦：横 ＝ 7：10
　日章（日の丸）の直径　旗の縦の長さの3／5
　日章（日の丸）の位置　上下左右の中央（中心は、1／100だけ旗竿側に寄る）

国旗の種類と取り扱い

　国旗は国を象徴するものですから、外交上の関係性を考えると外国の国旗に対しては、十分な敬意を払うことが大切です。またその敬意を形にした掲揚の方法や順番などに対して細心の注意が求められます。
　以下に注意点を抜粋します。

ポールに掲揚する場合

　主に屋外で掲揚する場合です。
　旗を挙げる「掲揚」、旗を降ろす「降納」共に、注意点があります。

＊一本のポールには一国の旗のみを揚げる
＊旗はポールの最上部（竿頭）に接するように挙げる
＊屋外に掲揚する場合、日の出とともに掲揚、日没とともに降納する
　（照明を当てる場合は、夜間掲揚も可）
＊雨天時は、原則として掲揚しない
＊掲揚時、降納時ともに、旗が地面に触れないように二人以上で取り扱う

＊国際連合旗とオリンピック旗は最上位とし、国旗と一緒には扱わない

＊外国旗を挙げる場合は、以下の点に注意する
　・掲揚する時は、外国旗だけでなく、自国の旗も一緒に挙げる
　・外国旗と自国旗のサイズは同じにする
　・外国旗と自国旗のポールに挙げる高さも同じにする
　・掲揚時は、外国旗を先にする
　・降納時は、外国旗を後にする
　・複数の外国旗を掲揚する場合は、国連方式に則る
　　（英文国名のアルファベット順とし、右上位）

＊国旗と地方自治体旗、団体旗、社旗などを組合せて掲揚する場合は以下の点に注意する
　・国旗の掲揚場所は、右上位とする
　・掲揚時は、国旗を先にする
　・降納時は、国旗を後にする
　・国旗以外の旗のサイズは、国旗と同一か、国旗以下とする
　・国旗以外の旗を挙げる高さは、国旗と同一か、国旗以下とする

壁に掲揚する場合

　国際会議や記念式典、シンポジウムなどの会場で掲揚されます。
　会場や会議の規模により、中旗や小旗が使われる場合もあります。

＊掲揚の際の上位の位置は、壁に向かって左とする
＊3カ国の場合は、自国旗を中央に揚げる　4カ国以上の場合は、以下の点に注意する
　・自国旗を最下位である、壁に向かって右側に上げ、外国旗は英文国名のアルファベット順に、左側から揚げる（自国旗を上位に揚げる国もある）
　・国の数が奇数の場合は、自国旗を中央に揚げ、他はアルファベット順に左右交互に掲揚する

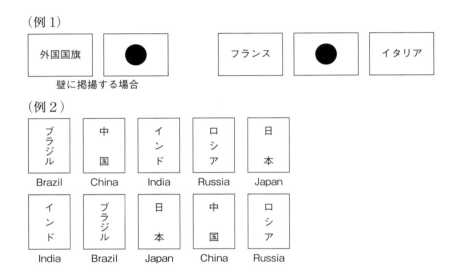

三脚旗

　三脚を使用して掲揚します。雨天の際の屋内掲揚、室内会場での掲揚などがあります。

＊ポールの先に冠頭（丸や矢尻）をつける
＊国旗は床につかない大きさのものを使用する

卓上旗

　会議や調印式、会食などの際にテーブルに置かれます。
　賓客に対する配慮であり、必ず置かなければならないものではありません。

＊並立と交差、いずれの立て方であっても、賓客から見て左側に賓客の国旗が来るようにする
＊交差する場合は、外国旗が手前に来るようにする
＊3カ国の旗を立てる場合は、国旗の掲揚方法に則る

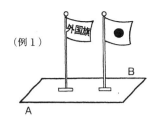
（例1）

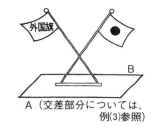
（交差部分については、例(3)参照）

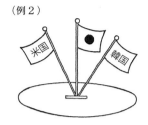
（例2）

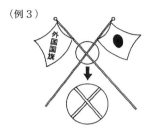
（例3）

半旗を掲揚する場合

　弔意を表す場合に揚げます。

＊掲揚する場合は、一度ポールの最上部まで上げてから、降ろす
　（半旗を揚げる位置は、国によって異なる）
＊降納する場合も、一度ポールの最上部まで上げてから、降ろす

＊室内で半旗を揚げる場合は、以下の点に注意する
　・三脚などで掲揚する場合は、ポールの先の冠頭に黒い布を巻く
　・冠頭と旗の間に黒い布を取り付ける方法もある
　　（布の幅は約3センチ、長さは旗の横幅と同じ）
＊壁掲揚や天井からつるす場合は、旗の横幅と同じ長さの黒い布を旗の横に添えて揚げる

国旗の取り扱い

　国旗の取り扱いや掲揚方法などは、国によって異なる場合があります。
　会場設営の前に、関係官庁や相手国の在日公館に確認することが大切です。
　また、掲揚される時もそれ以外の時も敬意を表しながら取り扱います。

＊国旗を掲揚する際は、掲揚担当者以外も起立して、脱帽する
＊国旗は常にきれいな状態あるように、管理を徹底する
　（万が一損傷した時のために、予備が必要）
＊国旗は濡らさないよう、雨や雪が降ってきたら直ちに降納する

席次

　席次を決める時には、プロトコール5原則の一つである序列を参考にします。

　とはいえ、その時々により席次の種類や決定の基準が変わりますので、必ず主催者側に確認することが大切です。

席次の種類

公的席次

　　国際的に公認された席次規定　　　　　　　日本の公的席次

①元首（国王・法王・大統領）　　　　　　①天皇・王族

②皇族・貴族　　　　　　　　　　　　　　②外国の国家元首

③準皇族・枢機卿・特命全権大使　　　　　③内閣総理大臣

④外交官（信任状奉呈式終了順）　　　　　④衆参両議長・最高裁判所長官

⑤国際連合職員（事務総長・議長）　　　　⑤各閣僚大臣

　　　　　　　　　　　　　　　　　　　　⑥在日各国大使（信任状奉呈式終了順）

　　　　　　　　　　　　　　　　　　　　⑦国会議員

儀礼席次

　　公式儀礼の対象にならない要人や社会人に与えられる席次

　　社会的な地位、伝統的な家系（旧豪族・旧華族）、年齢などを考慮して決める

①政党の党首・党役員

②主要経済団体の長（経団連・日経連・商工会議所・経済同友会）

③金融団体の長・国際協会長・国際団体の長

④社会的地位・文化上の地位（実業家・銀行家・文士・芸術家）

席次の基準

上位席（Place of honour）

　　プロトコールの右上位に則る

＊洋室のマントルピース側、和室の床の間を背にした位置が上位

＊入口の反対側で、入口から遠い席

＊応接室の場合は、入口から見て左側奥、長ソファーの場合は一番奥

主人・女主人（Host／Hostess）と招待客の場合

　お客様を招待しての会食などの場合、お客様を招いた主人・女主人の席を先に決める

　その後、序列に従って招待客の席次を決める

＊招待客夫婦の席が隣同士にならないようにする
＊招待客夫婦の席が向い合わせにならないようにする
＊外国人席の隣には、外国語が話せる人が来るようにする
＊女性の席がテーブルの端にならないようにする
＊紛争がある場合などは、その関係者同士を近くに配しない

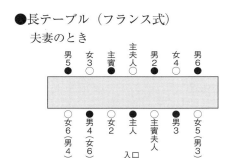

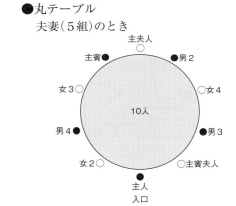

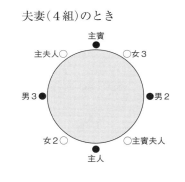

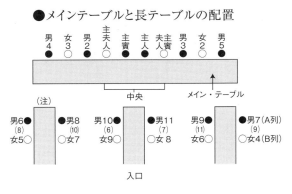

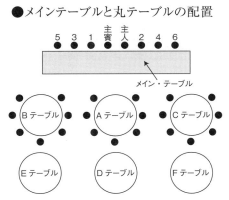

宴会サービスの業務

宴会サービスの役割

宴会サービスの役割は、会場設営のプラン作りから、宴会終宴後まで続きます。
どれもが大切な業務です。

宴会は主催者との様々な調整や、ホテル（式場）の関係者による様々な準備を経て、当日を迎え宴会サービスが提供されます。
サービススタッフはそれぞれの担当業務を明確に認識するとともに、宴会全体の概要や進行を把握し、宴会の運営に支障がないよう各自の業務に責任をもってサービスにあたることが求められます。

宴会サービスの手順は、宴会の種類やサービス形式、主催者の意向などによっても異なりますが、大きくは関係部署との打合せ、スタッフミーティング、会場の設営、テーブルセッティング、迎賓、料飲サービス、送賓、後片付けという流れで様々な業務を行っていきます。

開宴前にはクローク、受付、控室などでのサービスがあり、スケジュールに従って、お客様を会場にご案内し、主催者のお迎えから、会場へのご案内あるいはお席への誘導をします。

開宴後はプログラム通りに進行するよう主催者や司会者、担当キャプテン、レセプタント（バンケットコンパニオン）などとのコミュニケーションが大切です。
料理や飲物のサービスでは、調理部門やバーなどとの密な連絡、サービススタッフ同士の良好なチームワークがポイントになります。

宴会の終了を「お開き」といいますが、お見送り、クロークサービスなど、最後のお客様がお帰りになるまで、丁重さとホスピタリティ精神あふれるおもてなしで対応しましょう。

宴会サービスの手順

《宴会開催当日まで》
- □テーブルプランの作成
- □関係部署との打合せ
- □準備事項の確認
- □空調設備の点検

□照明器具類の点検

□音響設備の点検

□什器備品類の準備

□リネン類の準備

□会場設営の事前準備

□宴会手配書の確認など

《宴会開始直前》

□スタッフミーティング、ブリーフィング

□会場設営

□テーブル・セッティング

□装飾・演出セッティング

□最終確認

《サービス開始》

□クロークサービス（お荷物のお預かり）

□受付開始

□控え室サービス

《宴会開宴中》

□迎賓

□料飲のサービス

□宴会の進行管理

《宴会終宴後》

□送賓

□クロークサービス（お荷物のお渡し）

□配車の手配

□会計・清算・御礼

□後片付け

□会場清掃と業務報告

□次の宴会の準備

□アフターサービスと顧客管理

□販売促進

宴会開催当日までの業務

＜テーブルプランの作成＞

　テーブルプランは利用客との打合せを販売担当者や宴会予約係が作成する場合と、宴会サービスが作成する場合とがあります。いずれにしても、テーブルプランは宴会や会議を遂行する際の基本となる重要な図面ですので、宴会場の実際の広さや使い勝手を十分に考慮したうえで制作する必要があります。

＜調理・スチュワードセクションとの打合せ＞

　調理セクションでは、一般的に宴会開催の７日前頃にメニュープランの最終確認を行います。
ブッフェスタイルの場合はテーブルプランによる料理配置を決め、什器備品の型とサイズ、数量の決定、盛り付け、飾り付けの指示、メニュー別、皿別、調理開始時間を決めます。

　ディナースタイルの場合でもテーブルプランにより、プラッターの盛り数、特別メニュー時の什器備品の変更や食材のグレードアップなどもありますので確認が必要です。
　またスピーチ、セレモニーなど進行プログラムと食事開始時間の関連などの確認をします。

　関係各調理部門にはメニュープランを配布し、発注済みの外注料理も確認します。調理スタッフが宴会場でワゴンサービスや模擬店などがある場合は必要人員の手配や他の調理セクション（レストラン）などからの応援態勢を明確にしておきます。

　当日、少なくとも開宴30分前までにはすべての料理の準備を完了させておきます。
　キッチンと会場との間に距離があり、複数の会場で宴会が重複して開催される場合には、あらかじめ搬入順序や時間を調整しておきます。

　会場では料理配置プランに基づくセットアップ、料理の最終調整、料理長による最終点検、氷彫刻の組立てなどを手際良く行います。また、温製料理保温装置の点検、会場内調理要員の服装チェック、そして開催趣旨や最終進行プログラムの説明などを行います。調理担当者とサービス担当者との最終打ち合わせでは、宴会仕様書、メニュープランのチェック、その他サービス上の注意事項などが主です。

　スチュワードセクションには、資産管理係が宴会仕様書に基づき、前日までに什器備品など必要器材の数量を確認し、キッチンで使用するものと会場に運ぶものとに分けて準備させておきます。当然のことながら、チャイナ・ウェア、グラス・ウェア、シルバー・ウェアは清潔なもの、破損のないもの、銀器類など変色していないものであることをチェックしておきます。また、チャーフィンを利用する場合は、固形燃料や液体燃料も確認が必要です。

スチュワードセクションは、それらの業務の他、洗浄業務、インベントリー業務（棚卸業務）、収納業務、備品管理業務（ロス＆ブリケッジ管理）、衛生管理、メンテナンス管理なども業務範囲に含まれます。

＜設備点検＞

大規模な宴会では、装飾や演出も大掛かりとなることが多く、装飾や音響、照明にも専門的な技術が要求されます。宴会仕様書による演出、装飾のオーダーに従い準備を進めます。

新製品発表会やテーマ性の高いパーティーの場合は専門の装飾業者が入り、ステージや会場装飾を担当することも少なくありません。外部で制作された大型の装飾物などは前日に搬入し、会場の設営手順に従い設置にかかります。最近は大きな電力を使用する場合も増えています。電力の確保や容量なども事前に施設などの担当者に確認しておきましょう。

会場の設営段階で、主催者（幹事）、演出担当者、会場の担当キャプテン立会いのもと、実際と同様のオペレーションを試みるなど、少なくとも照明、マイクの音量、BGMの調整などは不可欠です。

○空調

施設全館の空調設備の維持と点検は、通常、施設係が担当していますが、バンケットホール（宴会場）の空調は最も快適なレベルになるように注意して設定いたします。

・開催時期
　季節の移り変わりのみならず、その日の天候や時間帯によって、温度と湿度の設定に留意します。

・列席者の数
　バンケットホールは、準備段階と大勢のお客様が入室した時点で、温度が大きく変化するので、お客様の人数によっては微妙なコントロールが必要です。

・体感温度
　特に冷房は、着席か立食かによって、お客様の体感温度が異なります。
　また忙しく立ち働くスタッフとお客様とでは、温度や湿度に対する感覚がずれている場合が多いので、宴会場の空調レベルは、機会をみてはチェックすることが求められます。

○照明

会場の照明器具をふくときには、汚れやほこりとともに、蛍光灯が点滅していないか、電球が切れていないかをチェックし、必要に応じて交換または設備の担当部門に連絡します。

○音響

マイクやスピーカー、録音設備などが実際に機能するか点検し、音量や音声の届き具合をチェックするために、マイクテストなどもあらかじめ十分な打ち合わせを行っておきます。

○什器・備品の準備

・食器類

宴会では多量の食器類が使用されますので、あらかじめ余裕をもって準備をしておきます。大規模組織の場合はスチュワードセクションに什器備品の準備依頼をしておきます。

準備するものは、着席か立食か形式によって異なりますが、皿類、銀器類、グラス類をはじめ氷、飲料水、紙ナプキン、栓抜き、コースター、カスターセット、爪楊枝等も含まれます。

皿類、銀器類、グラス類は清潔なタオルなどで乾拭き破損しているものは取り除き、汚れが付着しているものは洗い場へ戻します。またカスターセットの中味を点検し、必要に応じて入れ替えや補充を行います。汚れは丁寧に拭き取っておきましょう。

・リネン類

アンダークロス、テーブルクロス、トップクロス、ナプキンなどは、準備の際に点検し、汚れや破損などがあれば取り除きます。またナプキンを折る場合には、必ず清潔な手で扱います。

○屏風

「屏風」は叙勲祝賀会・園遊会や企業の就任披露パーティー、賀詞交歓会、結婚式場などの演出、和室や洋間の仕切りなど、身の周りで意外と目にする日本の伝統的な室内装飾品の一つです。結婚式では迎賓の時に「金屏風」を広げると、とても華やかで特別なお迎えを演出できたり、TPOに応じて、その場を演出できる装飾品です。

また、仏事などには、銀色の「銀屏風」が用いられることがあります。

＜屏風の数え方＞

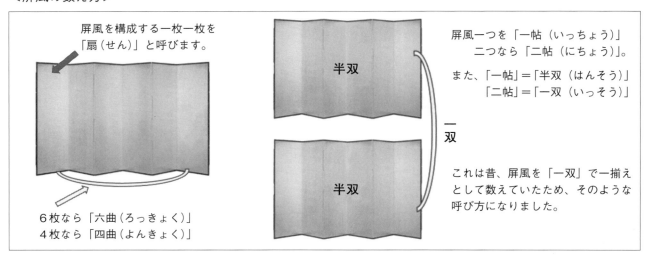

宴会開始直前の業務

＜スタッフ・ミーティング＞ アテンションまたはブリーフィング

　宴会及びウェディングがスタートする前に、サービスの会場責任者は、現場のスタッフ一同を集めてミーティングを開きます。ミーティングに参加するスタッフはサービススタッフであるウェイター、ウェイトレス、レセプタント（バンケットコンパニオン）、サービスクリエーター（配ぜん人）、関連業者などです。

　すべての宴会サービスがとどこおりなく行われることを目的に、業務に必要な宴会内容を確認し、様々な連絡事項を伝達します。

　宴会サービスには、なによりチームワークが大切であり、明確なミーティングによって全スタッフの意志統一を図らなければなりません。

　ミーティングでの主な打ち合わせや確認事項は次の通りです。

　ミーティングでは下記の確認をします。

　本日の宴会の内容、企業・お客様の情報、VIPや障害者、妊婦の有無、人数、開始時間、お開きの時間、料理や模擬店、デザートブッフェ等の詳細、宗教上食べられる物、ドリンクの種類や配置を確認します。

　お客様によく尋ねられる化粧室、喫煙所、クローク、フロント、着替え場所の場所確認をします。

開宴したら

　お客様の動きをよく観ましょう。後ろを通る場合は、お声掛けをする。前を通る場合は手の動きに注意します。

　こぼれそうになったら自分の方にこぼし、お客様の衣類を守ります。

　飲み物を頼まれたら、お客様の顔や衣類の特徴を覚えてサービスします。

　料理や飲み物を下げるタイミングは、卓上の残り具合で判断します。

トラブルが発生したら

　自分で判断せず、会場内エリアの責任者またはフロアの責任者に速やかに連絡するのが基本です。

　急病人を見つけたり、お客様の衣類や床に食べ物や飲み物をこぼした、忘れ物を見つけた、預かった、ケンカをしている、異物が混入している、外国語がよく分からない、料理がすぐに無くなった等。

＜会場設営＞

　設営業務は「宴会スタンバイ」とも呼ばれ、あらかじめ作成されているテーブルプランに基づいて行われます。

　会場の設営において最も重要なことは、決められた時間内にすべての業務を完了することです。

　宴会設営は施行する宴会や会議のスタイル（形式）、出席人数などの規模によって設営に要する時間が異なり、通常は規模の大きな宴会や会議ほど設営に時間が掛かります。開始時刻の１時間前位には設営が完了しているように設営開始時間を設定します。

　すべてのスタッフは、ミーティングでの打ち合わせ、確認事項に留意しながら、宴席の指示書や仕様書などの書類に基づき、あらかじめ決められた担当業務に従って会場の設営に取り掛かります。

　照明、音響設備、装飾、各種演出装置などを設置し、テーブルプランに従ってテーブルやイスを所定の場所にセットします。また、ブッフェスタイルの宴会ではブッフェボード（料理ボード・元卓）や模擬店、氷細工なども所定の位置に設定します。

　会場内のすべての準備が整いましたら、万全を期すためにサービス担当責任者は、必ず宴会場の最終チェックを入念に行います。

○会場コーディネイト

　ブッフェボード、チラシ卓、ステージなどの、テーブルプラン上の大枠を組み立ててゆきます。

　ステージやブッフェボードなどの位置が決まったら、テーブルにクロスを掛けて、所定の場所に椅子を置き、屋台などの付帯物を配置します。

○装花・装飾

　宴会の種類によっては装花や装飾は大掛かりなものや、凝った芸術的なものがあります。設営に必要な時間をあらかじめ把握し、宴会当日の会場設営にあてられた時間内に終えられるよう下準備を行います。

○最終確認

　装花やシルバーなどがテーブル上に設置されれば、出席者を迎える準備は一応整ったといえます。しかし、ここで大事なことは設営が終了した宴会場の最終チェックです。

　宴会場担当キャプテンはマイクの本数や位置、料理や飲物の並べ方など項目別にチェックし、チェック終了を宴会課支配人に報告します。

　そして、重要な宴会であれば再度、宴会課支配人や料飲支配人が全体を点検します。

宴会開宴中の業務

＜クローク＞

　会場近くのクロークではコートや手荷物をお預かりします。

　特に立食の場合は会場に荷物を置くスペースもありませんし、紛失盗難などの事故を避けるためにもクロークを利用していただきましょう。

　お預かりする物には高価なコート、ビジネスバッグ、帽子など形崩れの恐れがあるものもあります。

　お客様からのお預かりものは必ず数量などを確認し、お預かり札をお渡しします。

　会場によってはコートはハンガーに、荷物は棚に分ける場合もありますが、冬場にはコート以外にもマフラー、手袋などがあります。うっかり、ポケットからマフラーや手袋が片方落ちる場合もあるので、注意が必要です。

　お帰りの際、渡し忘れのないよう明確なルールをつくり、ミスを防ぐよう心掛けます。

　現金などの貴重品、こわれものがないかを必ず確認します。

　クロークでは館内の案内を求められる場合も多いので、スタッフは当日の宴集会の予定表や館内営業案内も備えておくとよいでしょう。

＜受付＞

　受付では、芳名帳への記入、名刺、招待状の受け渡し、胸章、名札と席札などのお渡し、また当日の資料を配布することもあります。いずれも主催者側が行うものですが、スムーズに受付ができるようお客様を誘導し、控室のある場合はご案内し、時間までお待ちいただきます。

＜レシービングライン＞

　パーティー会場の入口付近で主催者や主賓が並び、招待客をお迎えすることをレシービングラインと呼びます。必ずしなければならないというわけではありませんが目的がはっきりしていれば行います。たとえば、主催者が主賓を招待客に紹介するケースは様々です。外国からの賓客がいる、本社の社長がお見えになる、新しく赴任した方がいる、会社の創立記念日であるなど、主催者側の目的によります。混雑も考慮し、並ぶのは４名くらいが適当といえます。招待客に最初にあいさつする人から順に主催者、紹介したい主賓となります。本国から来た大臣、企業トップとなります。一つの企業の経営陣が複数並ぶ場合は通常は最初に挨拶する人から順に会長、社長、専務となりますが、関西地方では逆の場合もあります。

　招かれた側のマナーとしては、レシービングラインでは名前と肩書を述べ、その場に応じたお祝いの言葉を述べ握手をします。長い会話はせず、あいさつがすんだら、なるべく早く会場内に入るのが他のお客様へのマナーです。

＜料理別料飲サービス＞

　料飲サービスは、宴会の趣旨や料理の種類によってサービスの方法が異なります。

　ここでは披露宴を例にとって、洋食の正式なディナースタイルであるフルコースのサービスのメニューやサービスの手順、サービスのポイント、仕器備品の取扱いなどについて学習しましょう。

正餐／フルコース

●メニュー

1．アミューズ	ひと口サイズの小さな前菜	
2．オードブル	温製と冷製の前菜があります	
3．スープ	澄んだものまたはクリーム状のものがあります	
4．魚料理	魚介類の料理	
5．肉料理（アントレ）	メイン料理。肉料理全般で温製料理、「アントレ」とはメイン料理の「入り口」という意味です	
6．ソルベ	口直しに出すリキュールや果汁を主材としたシャーベット	
	※ローストが省略される場合は、魚料理とアントレの間に入る。	
7．ロースト（ロティ）	七面鳥等の蒸し焼き、薫り焼きの料理	
	※現在ではほとんど省略されている。	
8．サラダ	生野菜の料理	
9．チーズ（フロマージュ）	消化を促進させるチーズ、欧米では食後に提供します	
10．デザート	甘味料理、果物の総称	
	※生タイプのウェディングケーキの場合は、この時カットされたケーキがサービスされる場合がある。一般的にはスウィーツとフルーツがサービスされる。	
11．コーヒー	正式にはデミタスに入れたコーヒー、紅茶の提供も可	
12．プティフール	チョコレート、クッキー等の小菓子	

●飲み物

1．乾杯用	シャンパン（スパークリングワインが代用されるケースもあります。）
2．料理に合わせて	白・赤ワイン
3．その他	ビール、日本酒、ウイスキー、カクテル、ソフトドリンクなど

＜サービスの手順＞

1. 乾杯用飲み物のサービス
   - 乾杯は一般的にはシャンパンで行われます
   - 担当キャプテンの合図でいっせいに開始します
     ※合図はヘッドウェイターが行う場合もある。以下同様
   - 受け持ちのテーブル席の右から注ぎます

2. 婚礼用飲み物のサービス
   - お客様の好みをきいて右側からサービスします
   - その後、適宜補充します
     ※飲物をサービスする際にも左手のトレーを意識し、トレーが斜めにならないように気をつける

3. オードブルの搬入・サービス
   - 会場に入るときは順序よく整列し、受け持ちのテーブルの後ろで一旦待機します
   - キャプテンの合図（一礼）でサービスを開始します
     ※サービスを左右どちらかの方向から行うかは各会場のルールにしたがう（以下同様）

4. スープボウルの用意
   - 人数分をサイドテーブルに準備します

5. オードブル皿の下げ
   - 合図によって開始します

6. スープボウルの配付
   （チューリンサービス編）
   - 受け持ちテーブルの上席より時計回りにスープボウルおよびソーサー（敷皿）を配付します

7. スープのサービス
   - スープチューリンによるサービスは左側より、スープチューリンをスープボウルに近づけレードルで約2杯、お客様にはねないように丁寧に注ぎます
   - クルトン（浮き身）がある場合は別のスタッフがスープを注いだ後にお伺いをたてた後にサービスします

   （ブイヨンカップ編）
   - あらかじめスープが入っていますのでトレーサービスで行いますカップが浅いためこぼさないように注意します

8. パンのサービス
   - お客様の左側からパントングまたはサーバーまたはパスサービス（お客様に手で取って頂くサービス）にてパン皿にパンをサービスします
     ※パンのサービス方法やサービスのタイミングは会場によって異なる

9. スープボウルの下げ
   （ブイヨンカップの下げ編）
   - 2枚持ちまたは3枚持ちでスープスプーンも同時に下げます
   - ブイヨンカップとソーサー、スプーンを同時にトレーにて下げます

10. 白ワインのサービス
    - 白ワイングラスに右側から注ぎます

11. 魚料理のサービス
    - プレートサービスまたはプラッターサービス

12. 魚料理皿の下げ
    - 2枚持ちまたは3枚持ちでフィシュナイフとフォークも同時に下げます。下げる際にソースがお客様にはねないよう気をつけます

13. ソルベのサービス	・サービストレーにのせてティースプーンと共にサービスします
14. 赤ワインのサービス	・お客様の右側から赤ワイングラスの約5分目まで注ぎます
15. 肉料理のサービス	・プレートサービスまたはプラッターサービス
16. サラダのサービス	・皿盛りのサラダをトレーにてサービスします
17. 肉料理皿の下げ	・2枚持ちまたは3枚持ちでミートナイフとミートフォークも同時に下げます
	・下げる際にソースがお客様にはねないよう気をつけます
18. サラダ皿の下げ	・テーブル上の不要なものは、同時に下げます
19. デザートのサービス	※フルーツがあるときは、フィンガーボウルを用意する場合もある
20. コーヒーカップの配付	・温めておいたカップを配付します
21. コーヒーのサービス	・ポットに入れたコーヒーをお客様の右側から注ぎます
22. 砂糖・クリームのサービス	・砂糖については、シュガーポットを用意する場合もありますが、ソーサーの上に直接セットしておく場合もあります
	・クリームはサービスマンが持ち回り、お客様の好みに応じてサービスします
	※卓上にシュガー、クリームと共に置く会場もあります。

＜サービスのポイント＞

〇受け持ち人数

　着席形式の宴会では、サービススタッフの受け持ち人数が成功のカギを握っているといわれています。

　通常1名のサービススタッフが担当出来る人数は8名程度であり、ヘルプがついているときで10名とされています。このため客数に対し過不足のないサービススタッフを用意し、料飲サービスにあたることが必要となります。（サービスのスタイルによって必要とされるスタッフの人数は異なります）

〇指揮系統

　全体を指揮するのは担当キャプテンかヘッドウェイターで、披露宴がスタートしたら主賓席か司会者の後方に立ち、料飲をサービスするタイミングを見計らって、サービススタッフに合図を出します。その合図によって、サービススタッフは一斉に料理または飲み物をサービスします。

〇サービススタイル

　披露宴では、通常あらかじめ厨房で各々のプレートに一人前ずつの料理を盛り付けてサービスするプレート・サービスの形態をとる場合が主流です。

洋食のフルコースの場合、一皿の料理につき全員の食事が終わるのを見届けてから皿を一斉に下げ、次の料理をサービスするのが原則です。時間的な制約があるため、全体の進行を見ながらテーブル単位で空いた皿は順次下げ、次の料理をサービスする会場も見られます。皿を下げるときにはナイフ、フォークを別々に分けながら、音をたてないように細心の注意を払い、静かに下げます。

　料理があらかじめ盛り付けられた３枚の料理を一度に運ぶ場合、料理を運ぶ時やお客様にサービスする際に料理の盛り付けが崩れたり、ソースが流れて皿の縁にかからないよう、皿の持ち方に注意しましょう。

　飲み物サービスは各テーブルの上座から注いでまわり、その後は受け持ちのテーブルを注意しながら見まわして、ワインは減っていたら伺いをたてた上で注ぎ足します。それ以外のウィスキーの水割りやソフトドリンクは１／３程度になっていたら交換または注ぎ足します。

　着席形式の宴席でのサービスにあたっては、お客様とお客様の席の間隔が大変狭いため、サービスの最中に隣のお客様に接触しないように注意することが必要です。

宴会終了後の業務

　宴会の終了後すべてのお客様が退席したら、出入り口の扉を閉じて手際よく会場を片付けます。
　まず、テーブルや座席などに忘れ物がないかチェックし、忘れ物を発見した場合は速やかに会場責任者へ報告します。

　後片付けにあたっては、役割分担を決め、効率よく会場内を清掃、整理整頓します。
　一日の営業を終えた宴会場は、本格的な清掃、整理整頓を行い、常に快適で清潔な環境を保つよう心掛けなければいけません。
　翌日以降の使用予定の次の宴会準備がスムーズに行えるよう下準備を整える場合もあります。

　同じ日に、同じ会場で次の宴会が開催される場合は、後片付けの終了後、その宴会のテーブルプランの指示通りに、会場設営、テーブルセッティングなどを行います。

＜後片づけ＞

■テーブル上の食器、備品類、テーブルクロスの片付け
↓
■テーブル、イス、サイドテーブルの掃除、収納
↓
■床、壁、ドア、柱の清掃
↓
■撤去、施錠

○テーブル上の食器、備品類、テーブルクロスの片付け

卓上の物はすべて種類別に分けて片付けます。

卓上の飲料の残りは、バケツにあけるなどの方法で片付けます。

使用済みのリネン類も種類別に分け、数をチェックしランドリーへ回します。

○テーブル、イス、サイドテーブルの掃除、収納

汚れを拭き取り、不要なものは所定の場所へ収納します。

テーブルは表面のみならず、脚や裏側もダスターで拭きます。その際、テーブルにガタツキがあればアジャスターを調整します。

イスはゴミを取り、ビニールレザーはダスターで拭きます。布製の部分は、ブラッシングをし、また木製の部分は乾いたダスターで拭きます。イスの脚に靴墨などが付着している場合は、ていねいに拭き取ります。

サイドテーブルは引き出しの中を整理整頓します。

○床、壁、ドア、柱の清掃

床はバキュームクリーナーをかけ、会場の隅々まできれいにします。

絨毯のシミや汚れは専用洗剤などで落とします。

壁やドア、柱回り、額縁などの汚れやほこりを拭き取ります。

観葉植物の葉や鉢のほこりも拭き取ります。

○撤去

演出用に設営した、金屏風やスクリーン、照明、音響機器、装飾物など不要なものはすべて宴会場から撤去し、所定の場所に収納します。

施錠

一日の営業を終え、清掃作業が終了したら電気や空調、火の元などを点検し、すべてのドアを施錠します。

会場撤去に続く設営業務

１日のうちで、同じ宴会場に何件かの宴会や会議が予約されている場合の宴会設営は、通常の会場設営とは状況が大分異なります。この場合は、先に行われている宴会の終了を待って、次の宴会の設営に取りかかることになります。

事前の宴会が終了しテーブルなど什器備品類が撤去されると、宴会場の清掃作業に入ります。

これは、次の宴会を設営する前の重要な作業で、飲食を提供する場である宴会場は様々なゴミが落ちています。まず、バキュームをかけてゴミを無くし、飲食物などで付いた絨毯のシミは乾いてしまう前に落としておきます。

一般的に、この時間を２時間程度はとりますが、様々な事情によって１時間以内の時間しか取れない場合があります。こうした場合の撤去、設営をホテル（式場）等では「ドンデン」などと呼び、場合によっては宴会サービス以外の社員の手を借りて（館内ヘルプ）行う場合もあります。

〜 高齢者や障害者向けのサービス 〜

一流ホテルの条件とは何でしょうか？

外資系？　ラグジュアリーな客室？　シャンデリアのあるロビー？　おいしいレストラン？華やかなバンケットホール？　笑顔の素敵なスタッフ？　もちろん、それらも一流ホテルの条件でしょう。しかし、これからの一流ホテルの条件の一つに必ずや挙げられる事は、高齢者や障害者（身体障害・知的障害・精神障害者等）に対して、正しい接遇や介助が出来るスタッフや受け入れ可能な設備（点字標識、音声案内、スロープ、エレベーター、ピクトグラム、手すり、トイレの器具などの完備、障害者対応客室など）がどれだけ揃っているホテルであるかという事ではないでしょうか。法律においても『バリアフリー新法』高齢者や障害者等の移動や施設利用の円滑化の促進に関する法律。『障害者自立支援法』自立した日常生活や社会生活が営める目的とした法律。『障害者補助犬法』補助犬を育成することによって施設利用の円滑化を計る法律があります。

また、障害者差別解消法が平成25年（2013年）６月に障害を理由とする差別の解消を推進することを目的として制定され、事業者による障害のある人への「合理的配慮の提供」を義務化する改正法が令和６年（2024年）４月１日に施行されました。

これらの法律によっても、できる限り障害のある方に、障害のない方と同じようなサービスを提供することが求められており、大きな課題となります。

披露宴の宴席中に高齢者が喉に詰まらせてしまったら、急性アルコール中毒者が出たら、ロビーで迷われている車椅子の方がいたら、松葉杖の歩行困難者が転倒してしまったら、緊急な場面で救急車が来るまでの間に応急な手当はどうすべきか等、そのような場面に遭遇した場合、お客様に対し正しい知識を持ったスタッフが介助出来るかが重要なポイントです。ちなみに「介助」とは日常生活の本人の行為の一部をサポートする事で「介護」とは日常生活全般を本人に代わって行いサポートする事ですので、介護ヘルパーとは違います。

今後、ホテルスタッフのための「接遇介助士ホスピタント」の教育や資格試験も検討すべきです。ますます高齢化が進む中で、健康な高齢者や障害者、妊婦やお子様連れのお客様が安心してご利用いただけるホテルを目指す事が新たなマーケットの獲得であり、それが一流ホテルとしての使命ではないでしょうか？

～ 災害時のサービス ～

　2011年3月11日、東日本は大きく揺れました。大震災です。
その瞬間、ホテルなどのサービス現場にはたくさんのお客様がいました。
スタッフの一番大事な仕事は、お客様の安全確保です。

あるスタッフは、地上21階のパーティ会場から
足の悪いお客様を背負って、階段で1階まで降りました。
それからまた階段で21階に戻って、他のお客様の誘導もしました。
その夜、都心部では交通網が止まったので、多くの人が帰宅難民になりました。
被災地ではライフラインが止まったので、多くの人が生活困難になりました。

いつの間にかホテルにはたくさんの人が、救いを求めて集まってきました。
ホテルマン達は、ロビーや宴会場を解放し、ホテル内の厨房やレストラン、売店などから、ありったけのドリンク、軽食などを提供し、空腹が少しでも紛れるようにしました。
ホテルにあったブランケットやシーツなどを集めて、暖が取れるようにしました。
余震に備えて、シャンデリアの下など危険そうな場所には、観葉植物などを置いて
二次災害に備えました。

実は、これほどの災害を想定したマニュアルは、どこにもありませんでした。
でも日本中のホテルマンが、一斉に自発的に動きました。
毎日お客様のことを考えながら仕事をしていたからこその、瞬発力です。
サービススタッフが誇り高く輝く瞬間でした。
私は、そうしたスタッフ達を誇りに思います。

第 3 章
婚礼（ブライダル）サービス

宴会サービスの業務は料飲サービスにとどまらず、多岐にわたります。

サービス技能においてもホスピタリティにおいても、最も高いレベルを求められるのは、皇族や国賓などに対しての接遇でしょうが、日常的な業務ではありません。

実はブライダルも、同様のレベルを求められています。日本独自の文化を反映しつつ、お客様のリアルタイムのニーズに応えるという柔軟性も不可欠です。ブライダルをこなせば宴会サービスのほとんどをこなせる、と言っても過言ではありません。
そこでここからは、応用編としてブライダルを例にとりながら、様々な業務をより詳しく紹介します。

ブライダルは地域性が高く、また会場によってもサービスの仕方が変わる場合があります。
ここでは一般的な例を紹介しますので、柔軟に活用しましょう。

ブライダルとは

ウェディングとは、結婚式や披露宴を含む、当日の出来事のことを示します。
ブライダルとは、狭義では結婚式と披露宴の総称、広義では結婚に関するあらゆる内容をトータル的に示します。

サービススタッフの役割は披露宴でのサービスが中心となりますが、お見合いや顔合わせ、結納など、ブライダル全般においても大きな役割があります。

ブライダルサービスの心構え

結婚式は、一生に一度、決してやり直しのきかない、大切な通過儀礼です。
また、披露宴は平均価格350万円以上という高額商品でもあります。

最近は、入籍だけをして結婚式や披露宴を行わないカップルが約半数を占めます。
そのような状況の中、結婚式や披露宴をすると決めた新郎新婦や親御様の期待はとても大きいものです。
御祝儀を用意し、身支度を整えて参列するゲストの期待感も、当然大きくなります。
よって、その期待値を超えるサービスが求められるのです。

またお見合い、顔合わせ、結納、結婚式、披露宴などには多くのしきたりやマナーがあります。
それを理解し、サービスに反映することはもちろんのこと、時にはお客様にそうした約束事を伝えてリードすることもサービススタッフの大切な務めです。

106

ブライダルの流れ

　男女が出会い、結婚式を迎えるまでには多くの段階があり、その節目節目には大事なセレモニーを行い、そのセレモニーには実に多くのスタッフと関連企業が関わっています。

　セレモニーの当日を担当するのは宴会スタッフですが、それまでには多くの時間と手間がかかっています。それを理解し、そこに至るまでの流れやそれぞれの商品に敬意を表しましょう。
　それが当日のホスピタリティ溢れるサービスに繋がります。

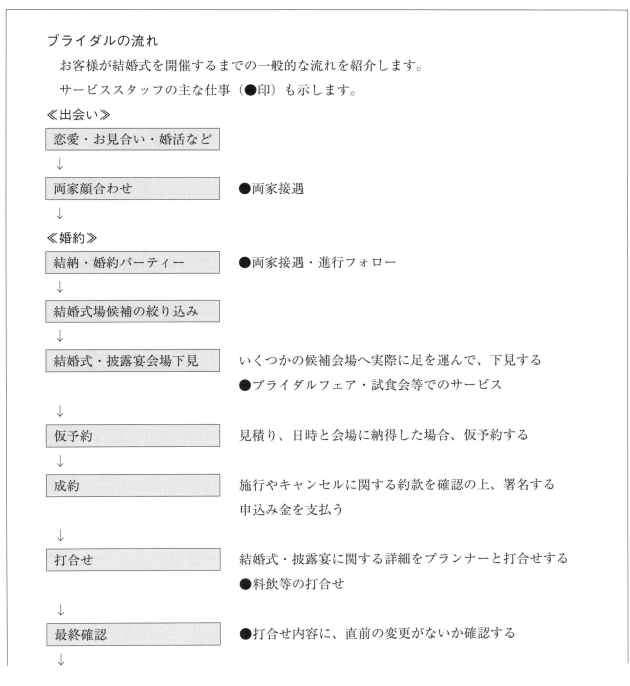

↓

| 婚礼当日まで |

- ●担当キャプテンの決定
- ●宴会手配書の確認・必要備品の準備

↓

| 挙式・披露宴直前 |

- ●会場設営(テーブルセッティング等)
- ●受付説明
- ●親族控え室接遇
- ●余興打ち合わせ

↓

≪結婚式≫
| 挙式 |

- ●挙式会場への案内
- ●挙式会場から写真室、披露宴会場への案内

↓

| 披露宴 |

- ●進行管理(キャプテン)
- ●進行補助(アシスタント)
- ●料飲サービス(スタッフ)

↓

| お開き後 |

- ●お預かり品のお渡し
- ●後片付け
- ●次の披露宴の準備(どんでん)

ブライダルサービスの業務

婚約までの業務

　結婚式を行う前の段階から、宴会サービススタッフの業務は発生しています。
　それぞれのセレモニーには、特有の流れや意義があります。それらを理解し、サービスのポイントを把握しましょう。

お見合い

お見合いとは、仲人など第三者を仲立ちとして、結婚しようとする男女が出会う場です。

本人たちの顔合わせに先立ち、お見合い写真、スナップ写真、身上書（家族構造、趣味，特技、健康状態など）、履歴書（住所・学歴・職歴・賞罰・免許など）、健康診断書などを事前に取り交わし、結婚生活を送る上での条件が合致しているかどうかを確認します。

昔は家同士の縁組という意識が強く、家長などがお見合いや結婚を決めていましたが、今は本人同士の意思が重要視されています。

お互いがお見合いを希望すれば、第三者がそのセッティングをします。

紹介者が同席することもあれば、当事者だけで会うこともあります。

お見合いの場所に決まりはありませんが、ホテル（式場）やレストラン、料亭などでお茶を飲みながら、もしくはお食事をしながら行なわれています。

～ 仲 人 ～

仲人とは、広義で縁談（出会い）から結婚式までをお世話する人です。

お見合いでは世話人、結納では使者の役を担います。

媒酌人とは、結婚式や披露宴で仲立ちをする人です。

最近、媒酌人を立てる割合は1％前後となっています。

お見合いサービスのポイント

予約時にお見合いと伺っていない場合であっても、お客様の服装や顔ぶれなどでお見合いであることを察することが必要です。

●お見合いの場にふさわしい配慮と対応をする

席
　希望があれば個室を、そうでない場合は人の流れが少ない静かな席を用意する
　静かな環境を守るため、お見合いの席の周りには落ち着いた雰囲気のお客様をご案内するなどの配慮をする

案内

紹介者もしくは片方が先に来た場合、後から来る方をスムーズにご案内できるよう、先に来た方の名前、もしくは後から来る方の名前か特徴を確認する

席次

先に来た方に事前に席次を確認し、それに従って席にご案内する

席次を相談された場合は、参考意見を伝える

オーダー

オーダーのタイミングは随時なのか、もしくは全員揃ってからなのか、事前に確認する

料飲のサービス

サービスのタイミングは、お互いの紹介後にスタートするのかなどを事前に確認する

特に指示がない場合は、お見合いの流れに配慮しながらサービスを行う

会計

通常は紹介者が両家を代表して支払うことが多いので、その旨を確認の上紹介者に精算書を渡す

当人同士だけの場合は、男性側に渡す

両家顔合わせ

両家が結婚に合意したら、顔合わせをします。

最近は結納を行わず、顔合わせのみのケースも増えてきました。

ホテル（式場）やレストラン、料亭などで行うことが多いので、両家が親しく結婚の相談ができるよう、細やかに配慮しましょう。

両家は、地方によって違うしきたりや習慣などを考慮しながら、下記の内容を相談します。

1．結納　　　　⇒する（日取り・場所・形式（関東式・関西式など））
　　　　　　　　⇒しない

2．仲人や媒酌人　⇒お願いする（人選など）
　　　　　　　　⇒お願いしない

3．結婚式　　　　⇒する（日取り・場所・形式（神前式、キリスト教式、人前式、仏前式など））
　　　　　　　　⇒しない

4．披露宴　　　　⇒する（日取り・場所・予算など）
　　　　　　　　⇒しない

両家顔合わせサービスのポイント

●顔合わせの場にふさわしい配慮と対応をする

席

希望があれば個室を、そうでない場合は人の流れが少ない静かな席を用意する

静かな環境を守るため、その席の周りには落ち着いた雰囲気のお客様をご案内するなどの配慮をする

案内

紹介者もしくは片方が先に来た場合、後から来る方をスムーズにご案内できるよう、先に来た方の名前もしくは後から来る方の名前か特徴を確認する

席次

先に来た方に席次を確認し、それに従って席にご案内する

席次を相談された場合は、参考意見を伝える

オーダー
　オーダーのタイミングは随時なのか、もしくは全員揃ってからか、先に来た方に確認する

料飲のサービス
　サービスのタイミングは、お互いの紹介後にスタートするのかなどを事前に確認する
　特に指示がない場合は、流れに配慮しながらサービスを行う

会計
　新郎側が支払う場合と、両家で支払う場合がある
　不明の場合、一応新郎側に精算書を渡しておくとよい

席次例

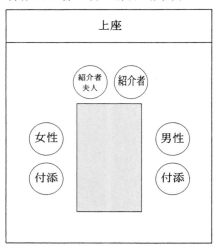

付添人が各1名の場合（貸席）

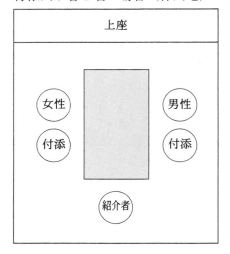

付添人が各1名の場合（仲人宅）

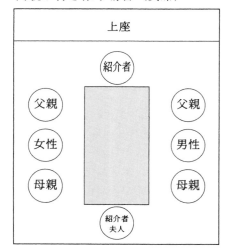

両親が付き添う場合（貸席）

結納

結婚の誓いである「婚約」を儀式化したものが、結納です。
本人同士と第三者との立ち会いにより、執り行われます。

その歴史は古く、日本書紀に記されている1400年前の仁徳天皇が起源とされています。その後徐々に武家や商家などに広まり、明治時代になると一般の人たちの間でも結納が行われるようになりました。

正式には、使者（仲人、男性親族代表など）が両家を往復、もしくは使者と男性側が女性宅に出向き、結納を執り行います。
現在は、両家がホテル（式場）やレストラン、料亭などの施設に一堂に会する集合型が増えています。

結納サービスのポイント

結納は、末永い結婚の約束を形にして贈るものです。
サービススタッフもその気持ちに共感しながら、心のこもったサービスをしましょう。

以前は仲人夫妻がすべての進行を執り行いましたので、サービス側は両家がお持ちになった結納飾りなどに触れることもせず、お祝いの桜湯などのサービスするくらいでした。
しかし仲人がいないケースが9割を超えた現在、サービススタッフが進行のお手伝いをすることが求められています。

形式やしきたりは、地方によって大きく異なります。同地方であっても両家のしきたりに大きな隔たりがある場合もあるので、品物や進行を丁寧に一つずつ確認することが必要です。

●仲人など使者がいる場合は、そのフォローをする
●使者がいない場合は、サービススタッフがリードする

●別れに繋がるような言葉（忌み言葉）は使用しない（例：別々、別れる、切れる）

《結納の準備》

ホテル（式場）、料亭、レストランなどで結納が行われる場合は、サービススタッフがお世話をします。

●事前に以下の点を確認する

日時
人数・続柄
会場（和室・洋室）
席次
結納品（持ち込まれるもの・サービス側が用意するもの）
進行　（口上など）
食事内容（結納後の食事会がある場合）

日時

日時は、大安・友引・先勝の午前中が望ましいとされていました。
しかし、最近はあまり日柄にこだわらず、両家の都合を優先するケースが増えてきました。
土・日曜、祝日の午前10時ごろから結納をして、その後食事をして終わるケースも多くなってきています。

人数

両家同人数が基本とされていますが、こだわらないケースも増えてきました。
最近は仲人などの使者がいない場合が、ほとんどです。

会場

和室の場合、床の間の位置によって、結納品の置き場所が変わります。

席次

関係者が一堂に会する場合の席次は、地方などにより異なる場合があります。

●床の間の前など上座に結納品を飾り、入り口から遠い席を上位と捉える

男性側と女性側は向かい合って座ります。
上座から、父→母→本人、父→本人→母、本人→父→母など、順番は確定していません。
地方のしきたりによって異なるので、事前の確認が必要です。
仲人がいる場合、結納の間は下座に座り、その後祝い膳を囲む時には上座に座るのが一般的です。

席次例

床の間	
結納品	（結納品）
（上座）	（下座）
男性側父	女性側父
男性側母	女性側母
男性本人	女性本人
仲人	仲人夫人
	（入口）

床の間	
結納品	（結納品）
（下座）	（上座）
女性側父	男性側父
女性側母	男性側母
女性本人	男性本人
仲人夫人	仲人
（入口）	

金屏風	
結納品	（結納品）
（上座）	（下座）
男性本人	女性本人
男性側父	女性側父
男性側母	女性側母
仲人	仲人夫人
	（入口）

金屏風	
結納品	（結納品）
（下座）	（上座）
女性本人	男性本人
女性側父	男性側父
女性側母	男性側母
仲人夫人	仲人
（入口）	

＊両家が結納品を持参した場合は、二組並べて置く。

＊片方のみが結納品を持参した場合は、中央に置く。

結納品

　結納品はお客様が持ち込むことがほとんどですが、サービス側でそれ以外に準備するものがある場合があります。

　＊結納品を飾る台

　＊家族書や親族書をのせる盆

　＊婚約指輪をのせる台　など

●男性側から指輪など、新婦側から時計など記念の交換品が準備された場合

　指輪ならその場ではめるのか、品物なら箱を開けるのか、事前に伺っておく

代表的なものとして関東地方と関西地方のごく一般的な結納を紹介します。

【関東地方】

結納を取り交わす

関東地方では、両家がほぼ同じ格式、品数のものを用意して、一台に乗せて「取り交わす」ことが一般的です。

正式には、使者（仲人、親族代表など）が、男性宅→女性宅→男性宅→女性宅を往復します。

一堂に会する場合も、結納の流れや口上は往復型に倣（なら）います。

＊結納品〈一例〉

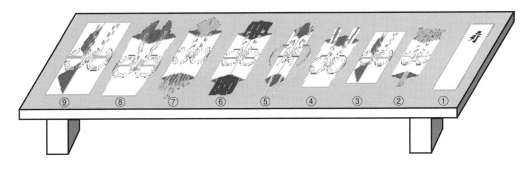

目録も結納飾りの一品として、九品目調えることが一般的です。

すべてを一つの白木台にのせ、一台飾りとします。

1. 目録
　　（もくろく）結納品の内容を記載したもの。結納品と共に新婦側に納める。

2. 長熨斗　壱連
　　（ながのし）あわびを干して、長く延ばしたもの。長生不死の象徴。

3. 金包　壱封
　　（きんぽう）結納金を入れる。

4. 末廣　壱対
　　（すえひろ）二本の白扇子。純白無垢を象徴し、末広がりの繁栄を祈願。

5. 友白髪　壱基・壱連
　　（ともしらが）麻の糸でつくられる。共に白髪になるまで長生し、添い遂げることを祈願。

6. 子生婦　壱基・壱連
　　（こんぶ）二枚の昆布のこと。喜ぶに通じ、子孫の繁栄することを祈願。

7. 寿留女　壱基・壱連
　　（するめ）するめのこと。不時に備えての保存食であり、強い生命力を象徴。

8. 勝男節　壱基・壱連
　　（かつおぶし）鰹節のこと。男らしさの象徴。不時の備えも意味する。

9．家内喜多留　壱荷・壱対

　　（やなぎたる）柳樽（祝儀用の酒樽）に入ったお酒のこと。清酒代として現金５千円から１万円程度を入れる。健康、長寿、幸福などで家庭に喜びが留まることを祈願。

＊結納金

　花嫁を育ててくれたお礼や嫁入りの支度金として男性側が納めるのが「御帯料」。月収の３ヶ月分が目安とされています。

　結納返しとして、その半額を「御袴料」として新郎側へ納めるのがしきたりの地域がありますが、割合を問わない場合やお返しを求めない地域もあります。

　最近は結納返し分を差し引いた金額を結納金としたり、結納金や結納返しを省略し、婚約指輪や記念品を交換するなど、合理的な方法も増えてきました。

＊受書

　結納を受けとった証しとして、相手側に渡します。

【関西地方】

結納を納める

　関西地方では、多くの場合、結納は男性側から女性側へ贈ります。

　しかし一部の地方では女性側から男性側へ、大きさや色を変えた結納飾りを「袴地料」として贈る習慣があります。

　正式には、使者（仲人、新郎の親族代表など）が行き来する往復型です。
　まず男性側より結納品と目録を預かります。
　次に、女性側へ出向いて結納品と目録を渡します。
　その後使者は女性側から受書をもらい、男性側へ出向いてそれを渡します。

　一堂に会する集合型の場合も、結納の流れや口上は往復型に倣います。

＊結納品

　関東にくらべ豪華。結納飾りを独立した献上台にのせて飾ります。
　品数は必ず奇数とされます。
　五点師（松、竹、梅、鶴、亀）を基に七品、九品、十一品の奇数の数で揃えます。

五品

1．長熨斗

　　（ながのし）＜鶴飾り＞

2．寿恵廣

　　（すえひろ）＜亀飾り＞

3．結納金

　　（ゆいのうきん）＜松飾り＞「小袖料」や「帯地料」、「宝金」と記す。

4．家内喜多留

　　（やなぎだる）＜竹飾り＞朱塗りの酒樽のこと。「清酒料」や「柳樽料」と記して、現金を包む。

5．松魚

　　（まつうお）＜梅かざり＞鰹節のこと。実物のかわりに現金を包むことも。

五品に加えるもの（例）

6．結美和

　　（ゆびわ）婚約指輪を結納品に加える場合も多い。

7．高砂人形

　　（たかさごにんぎょう）夫婦共に長寿を祈願。尉（じょう）と姥（うば）を嶋台の上に飾る。

8．寿留女

　　（するめ）するめのこと。保存食なので、不時の備えをかためるという意味をもつ。

9．子生婦

　　（こんぶ）昆布のこと。子孫繁栄を祈願。「よろこぶ」にも通じる。

＊目録

　結納品の内容を記載したもの。結納品と共に女性側に納められます。

＊受書

　結納品の内容が記載されたものです。

　男性側が持参したものへ女性側が署名して、受領の証しとして男性側に渡します。

＊家族書

　家族書は、一緒に住んでいる家族を記します。

＊親族書

　親族書は、三親等くらいまでの親族の名を記します。

　最近は家族書を別に用意せず、親族書に含める場合もあります。

　一緒に住んでいる家族名と続柄を祖父母、父母、兄弟、姉妹の順に記し、

　次に親族を尊続から記します。

　親族書は、片木盆にのせて取り交わします。

~ 簡 略 化 ~

地域に関わらず、簡略化の傾向があります。

金包（きんぽう）・長熨斗（ながのし）・指輪の三品目や、結納品の代りに結納金のみ、

あるいは結納金と婚約指輪のみ、あるいは婚約の記念品の交換のみで済ませる場合もあります。

《進行》

地方や地域、家によって、進行や口上などが変わってくるので、事前に細かく確認することが大切です。

ここではホテル（式場）などを使用する一般的な関東式集合型での口上を紹介します。

本番の前には、式次第にのっとり簡単なリハーサルを行います。

●まずは担当者が両家に挨拶をする

「本日はお日柄もよろしく、誠におめでとうございます。

　本日担当させていただきます＊＊でございます。どうぞよろしくお願い申し上げます。」

【仲人を立てない場合】

●出席者が揃い定刻になったら、進行役（この場合、男性側の父親）に定刻になったことを伝える

「お父様、どうぞ開会のお言葉をお願いいたします。」

男性側が結納品を上座に飾り、全員が着席したら、男性側父がすぐに口上を述べる

（椅子席の場合は全員起立する）

「本日はお日柄もよろしく、両家の縁談がととのい、

　しるしばかりの結納でございますが、よろしくお願いいたします。」

↓

男性側両親、献上台に進み、女性側へ結納品を贈る

↓

男性側の母親が結納品を女性の前まで運び、一礼して自席に戻る

男性側父親：「結納の品でございます。どうぞ幾久しくお納めください。」

女性側父親：「ありがとうございます。幾久しくお受けいたします。」

↓

本人、父親、母親の順に目録に目を通し、元どおりに戻す

↓

↓

女性側両親、献上台に進み、男性側へ結納品を贈る

↓

女性側母が結納品を男性の前まで運び、一礼して自席に戻る

女性側父親：「結納の品でございます。どうぞ幾久しくお納めください。」

男性側父親：「ありがとうございます。幾久しくお受けいたします。」

↓

女性側両親が自席に戻る

男性側の父親が自席で締めの挨拶を述べる

男性側父親：「滞りなく結納を取り交わすことが出来まして、ありがとうございます。」

これからも幾久しくよろしくお願いいたします。」

↓

本人たちも親御様にお礼を述べる

男女本人：「これで私どもの婚約が成立しました。ありがとうございました。」

指輪が用意されている場合は、指輪の贈呈に移る

箱やケースを開けるのは、女性側の母親にお願いし、第三者、特に男性は手を触れない

●男性が女性に指輪をはめる前に、サービススタッフが声をかける

「左手薬指にエンゲージリングがおさまりましたら、祝福の拍手をお願い申し上げます。」

最後に結納品を前に、全員で記念撮影します。

●サービススタッフからお祝いとお礼のご挨拶をする

「本日は誠におめでとうございます。本日の佳き日に私共をご利用いただきまして、ありがとうございました。△月△日の御披露宴に際しましても私ども一同、一生懸命お手伝いさせていただきますので、どうぞよろしくお願い申し上げます。」

●食事する時間を確認し、会場へとご案内するまで歓談していただく

「お食事のご用意ができましたらご案内申し上げますので、しばらくの間ご歓談くださいませ。」

●結納品には現金や記念品（婚約指輪、時計など）が含まれているので、

必ず関係者にお持ちいただけるよう、最後まで確認をする。

【仲人を立てる場合】

仲人と男性側が結納品を飾る

両家が着席し、結納の儀式が始まるまで、両家は言葉を交わさない

定刻になったら仲人に、定刻になったことを伝える

「お仲人様、どうぞ開会のお言葉をお願いいたします。」

仲人は自席で挨拶をする

椅子席の場合は全員起立する

仲人：「このたびは○○様と△△様のご婚約が相整い、誠におめでとうございます。

　　　　本来ならば私がご両家に持参すべきですが、略式ながらこの席にてご結納の使者をさせていた

　　　　だきます。」

男性側から女性側に結納品を贈る

仲人夫妻は献上台に進み、仲人夫人は男性側の結納品を持ち女性本人の前に、正面を向けて置く

婚約記念品、家族書・親族書は片木盆にのせ、同様に置く

仲人：「○○様からのご結納のお品でございます。どうぞ幾久しくお納めください。」

女性側父親：「ありがとうございます。幾久しくお受けいたします。（礼）拝見します。」

↓

女性本人、父親、母親の順に目録に目を通し、元どおりにたたんで台に戻す

↓

片木盆にのせた受書を仲人夫人に渡す

女性側父親

または本人：「ご結納の受書でございます。よろしくお取り次ぎをお願いいたします。」

仲人夫人：「お預かりいたします。」

↓

仲人夫人が受書を男性本人の前に差し出す

仲人：「△△様からのご結納の受書でございます。」

↓

女性側から男性側へ結納品を贈る

　同様に女性側から男性側への結納品を贈り、受書を女性側に渡す

　＊目の前に結納品があるので、受書のやりとりを省略することも多くなっている

↓

↓

締めくくりの口上を述べる

仲人：「これにておふたりのご婚約がめでたくととのいました。
　　　本日は誠におめでとうございます。」（一同礼）

↓

男性側の父親が両家を代表して、仲人にお礼を述べる

男性側父親：「お仲人＊＊様のおかげをもちまして滞りなく婚約を取り交わすことが出来ました。
　　　　　　本日はたいへんお世話になりまして、誠にありがとうございました。」

男女本人：「ありがとうございました」

指輪が用意されている場合は、指輪の贈呈に移る
箱やケースを開けるのは、仲人夫人にお願いし、第三者、特に男性は手を触れない

●男性が女性に指輪をはめる前に、サービススタッフが声をかける
「左手薬指にエンゲージリングがおさまりましたら、祝福の拍手をお願い申し上げます。」

最後に結納品を前に、全員で記念撮影する

●サービススタッフからお祝いとお礼のご挨拶をする
「本日は誠におめでとうございます。本日の佳き日に私共をご利用いただきまして、ありがとうございました。△月△日の御披露宴に際しましても私ども一同、一生懸命お手伝いさせていただきますのでどうぞよろしくお願い申し上げます。」

●食事する時間を確認し、会場へとご案内するまで歓談していただく
「お食事のご用意ができましたらご案内申し上げますので、しばらくの間ご歓談くださいませ。」

●結納品には現金や記念品（婚約指輪、時計など）が含まれているので、必ず関係者にお持ちいただけるよう、最後まで確認をする

《結納後》

【食事】

　一般的な席次例に則ってセッティングしますが、地方や家によってしきたりや風習が違う場合もあるので、必ずテーブルに着く前に男性側の両親に席次を確認します。

　仲人と両家両親が初顔合わせという場合もあり、まだ両家の親交が深くない場合が多いので、和やかな雰囲気を作ることが求められます。
　挙式・披露宴を自社でしていただく場合は、その日時や部屋を事前に確認し、どんな質問でも応えられるようにしておくことも必要です。

会食時席次例

新郎母	7	3	仲人
新郎父	5	1	新郎
新婦父	6	2	新婦
新婦母	8	4	仲人夫人

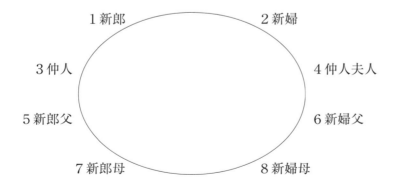

【食事後】

食事が終了したら、帰り支度のお手伝いをします。

●献上台の結納品は風呂敷に包み、必ず結びきりにする

●御帯料、御袴料、酒料などは現金もしくは貴重品なので、十分な注意が必要
　取り扱いは必ず関係者にお願いする

【仲人への御礼】

謝礼
　男性から女性への結納金の金額に応じて、両家で負担する。（御帯料の１〜２割が一般的）
車代
　往復のタクシー代に多少加算して、切りのいい金額を一般的に女性側が準備する。
酒肴料
　結納後に祝膳を出さない場合、一般的に女性側が準備する。
　全て、結びきりの熨斗袋を使用する。

＊引出物

仲人や両家親御様へ、結納が終わった後に渡されるものです。
●ホテルや式場などの「結納プラン」に引出物も入っている場合があるので、お帰りの前に必ず確認する

～ 婚約パーティー ～

両家の家族や親族、友人知人を集めて、婚約パーティを開くことがあります。
式次第は自由で、第三者を立会人として婚約を成立させたり、婚約を披露することが目的です。
ホテルやレストランなどで開催する場合は、宴会サービスを行います。
パーティールームや自宅で開催する場合は、ケータリング業務が発生することがあります。

結婚式会場が決まるまでの業務

婚約が整ったら、結婚式や披露宴の「会場を決める」段階に進みます。
この時点でも、宴会サービスの役割は重要です。

会場を決めようとする時、以前は家族や友人などの薦めが大きな決定要因の一つでした。
しかし最近は、新郎新婦がブライダル情報誌やホームページ、結婚式場紹介所などの情報からいくつかの施設を候補に選び、実際に足を運んで下見をすることで、事前に収集した情報をしてから候補を絞ります。
結婚式の会場を決めるポイントには、以下のようなことが挙げられます。

挙式
＊形式（教会式、神前式、人前式など）
＊予算
＊場所
＊日取り

披露宴
＊形式（御祝儀制、会費制など）
＊予算
＊場所
＊日取り
＊媒酌人の有無

挙式・披露宴は高額商品であり、一生に一度の大事な通過儀礼です。
しかし、お客様の最終的な決定理由は施設の知名度や豪華さやアクセスだけではありません。
口コミやアンケートで一番多いのは、「プランナーの人柄で決めました」。
この「人柄」を支えているのは施設全体の雰囲気であり、その雰囲気とはそこで働く全スタッフの印象です。

来館したお客様は、数多くのスタッフと駐車場や玄関、廊下、各会場などですれ違います。
その全てのスタッフが「来館していただいたことへの感謝」と、「婚礼が整ったことへのお祝い」の気持ちを持っているかどうか。それがお客様の心に伝わった時初めて、その施設が良いイメージとして残り、お客様に「安心してお任せしたい」と感じさせる要因となります。

宴会サービススタッフの存在そのものがその施設のイメージの一部なのです。

≪ブライダルフェア≫

新郎新婦にとって、ブライダルフェアは多くの情報を集める機会です。

大規模なフェアは、年に1～2回開催されます。

しかし最近はお客様のニーズに随時応えられるよう、規模の小さいフェアや試食会も頻繁に開催しています。

それに伴い、宴会サービススタッフもお客様と接する機会が増えています。

サービススタッフの仕事のポイントは、●印で示します。

新規フェア

新規のお客様にとってブライダルフェアは、自分の結婚式の擬似体験です。

列席者と同じ目線でサービスを受け、その時のサービスに満足すれば、自分のゲストに対しても十分なおもてなしをしてもらえると感じます。宴会サービスは施設が与える安心感の大きな部分を担っているのです。

その結果お客様が自社に決定してくれることもありますから、サービススタッフは新規接客を支える大事な要員です。

成約者フェア

ブライダルフェアや試食会は、成約したお客様が婚礼料理やドリンクの内容を考える機会でもあります。具体的な質問をされることもありますので、料理コースのタイプによる違いなどをきちんと掌握しておきましょう。

ブライダルフェアサービスのポイント

試食会
●来館への感謝の気持ちや婚約へのお祝いの気持ちを、サービスにのせて伝える
●料理やサービスに関する質問を受けたら、丁寧に分かりやすく説明する
●プランナーに、お客様の質問内容や嗜好などを伝える

バンケット会場見学
●披露宴仕様にコーディネートされた会場のサービス担当者は、自然光や照明の効果、会場レイアウトのアイデアなどその部屋の特徴や長所などを丁寧に説明する

第3章 ● 婚礼サービス

挙式・披露宴サービスの業務

　婚礼の管理や運営、進行において、ウェディングプランナーの業務はソフトであり、宴会サービスの業務はハードにあたります。

　婚礼当日の挙式・披露宴のサービスは、宴会サービス課（係）を中心に行われますが、多くの場合、厚生労働大臣の認可によりサービスクリエーターの紹介や派遣を行う配ぜん人紹介所などからの臨時スタッフも参加します。これは結婚披露宴がシーズンや日によって繁閑の差が大きいためです。多くのスタッフで行う業務です。お互いが助け合えるよう、まずは一人ひとりが業務内容を確実に把握しておきましょう。

挙式・披露宴サービスのポイント

　サービススタッフは、サービスの質の低下を招かないように一人ひとりがフロアーマネージャーやキャプテンの指示のもと、円滑に業務が遂行するよう心掛けなければなりません。

　挙式・披露宴時には、サービススタッフの一員として「介添え」が加わります。
　介添えは、宴会現場の仕事はせず、新婦、媒酌夫人、両家お母様のお世話に徹します。
　新婦やお母様方の一番身近にいるので、お客様の気持ちに寄り添いながらお世話をします。
　介添えの立ち居振る舞いはあくまでも控えめに、ヘアメイクも品良くまとめます。
　当日は時間に追われがちなので、早めに仕事を進める必要がありますが、かといってお客様を急かさないよう、心掛けましょう。

　サービススタッフの仕事のポイントは●印、介添えのポイントは〇印で示します。
　それぞれの立場を尊重しながら、協力して業務にあたりましょう。

挙式・披露宴サービスの流れ

　サービススタッフの流れは、一般的に以下の通りです。

≪準　備≫
■打合せ
↓
■発注・手配
↓
■直前チェック
↓
■会場設営

≪挙　式≫（例）

■お出迎え
↓
■親族控え室
↓
■挙式ご案内　　9：50 〜 10：00
↓
■親族紹介　　10：00 〜 10：15
↓
■挙式　　　　10：15 〜 10：45
↓
■集合写真　　10：45 〜 11：00

≪披露宴≫

■受付説明　　10：30
　　受付　　　10：40 〜 11：20
↓
■迎賓　　11：20

■披露宴　　11：30 〜 14：00

■式次第のフォロー・料飲サービス
↓
■送賓　　14：00

≪お開き後≫

■媒酌人夫妻お見送り
↓
■お預かり品引き渡し
↓
■新郎新婦お見送り

準　備

■打合せ
↓
■発注・手配
↓
■直前チェック
↓
■会場設営

《打合せ》

　披露宴の最終的な配席や進行表は1週間から10日前頃に確定することがほとんどですが、直前に変更することもあります。
　配席表と進行表を照らし合わせながら、ウエディングプランナーや司会とサービススタッフが打合せします。

　打合せの目的は、不備がないか確認することと、不備があった場合は是正することです。
　望ましい宴会の状況をアドバイスできるよう、幅広い知識と深い経験を構築しておきましょう。

●配席表と進行表の内容を確認し、必要であれば変更する

【基本情報】
新郎新婦のプロフィール（名前の読み方など）

当日のご来館時間
　新郎新婦のお出迎えや、当日打合せ、美容・着付けへの案内などのため、正確に確認する
　例えば　新婦－挙式の3時間前
　　　　　新郎－挙式の1時間前
　　　　　親御様－挙式やリハーサルの30分前

挙式のスタイル・場所・時間
　当日はキャプテンが挙式前後のご案内をするため、正確に確認する

披露宴の式次第と時間配分
　立礼－大人数の場合、迎賓に時間がかかるため省略を勧める場合もある
　祝辞－祝辞の人数とタイミングと時間

130

余興−内容とタイミングと時間

【会場関係】

テーブルプラン

    雛段・ステージの有無と種類

    テーブルの数・形・レイアウト

余興

    備品・着替え室の必要の有無

    （会場の広さや卓数によっては、ステージや多人数の演奏、ピアノなどのスペースがないことも）

【手配関係】

料理・ドリンクの種類と数、子供料理の数と種類

テーブルクロス・ナプキン・椅子カバーなど、リネン類の数

引出物・引き菓子

    配布する引出物・引き菓子の種類と数

    紙袋の種類と数

    配布するタイミング

    当日引出物が残った場合の処理の仕方

ペーパーアイテム

    席札、メニュー、席次表、芳名帳、媒酌人礼状の有無と部数

【接遇関係】

来賓VIP

    ご案内の内容（控え室や披露宴会場へのご案内の有無など）

    お見送り・配車の有無

媒酌人

    当日のお礼の有無

    お見送り・配車の有無

新郎新婦宿泊の場合

    新婦の料理をお部屋に入れるかどうか

    翌日のチェックアウト時間

二次会
　　場所と連絡先の把握

《発注・手配》

　発注や手配の内容は、結婚式当日のずっと前から、披露宴終了後までカバーします。

●以下の事項を、漏れがないよう丁寧に確認する

発注
　サービスクリエーター（配ぜん人）など臨時スタッフの手配
　什器・備品・リネン類の手配

配車
　タクシー（新郎新婦・両家親御様・媒酌人夫妻・主賓の送迎）
　バス（ゲストの送迎）

新郎新婦のチェックアウト
　レイトチェックアウトの場合の手配　（延長料金の説明の確認）
　空港へ行く場合のリムジンバスの予約
　タクシーの配車

～ 区別するサービス ～

　特に気遣うべきゲストも把握しておきます。会場入り口からお席までご案内すべき来賓や、礼節を重んじる親族などを把握して、丁寧に接遇します。
　差別は礼を逸しますが、区別するサービスは必要です。

～ サービスの創造 ～

　新郎新婦やご両家が求める結婚式像に沿って、サービスの仕方も創造することが求められます。
　　伝統と格式を大事にする結婚式→正統派のサービス
　　スタイリッシュな結婚式　　　→カッコよく歯切れのいいサービス
　　大人っぽい結婚式　　　　　　→上品で落ち着きのあるサービス
　　アットホームな結婚式　　　　→あったかくてカジュアルなサービス　　　　　　　など

132

《直前チェック》

ブライダルはたくさんのアイテムを取り扱い、担当する会社は様々です。

思わぬトラブルを避けるためにも、当日まで丁寧な確認が必要です。

もし万が一不備があったり突然の変更があった場合は解決に向けて迅速に対応することが求められます。

●キャプテンは、アシスタント、マイク係などのサービススタッフだけでなく、音響、カメラマン、司会
などできる限り多くの関係者とミーティングをして、情報の共有を図る

●以下の事項を、漏れがないよう丁寧に確認する

【基本情報】
新郎新婦・親御様・関係者

名前の読み方の確認

両家両親の有無、不在の場合は代理人の有無及び氏名

両親が離婚再婚の場合の関係者の呼び方

入場、退場、祝辞などのタイミングの出し方

キャプテン・アシスタントから全員へ

【会場関係】
テーブルプランに沿ったテーブル・クロスなど

料理コースに沿った什器・シルバーなど

会場内アイテム（持込み品を含む）

ケーキ、会場装花、演出（キャンドル・酒樽など）

席札

席次表に従って席札を置いていくが、名前が間違っていないか

音楽演奏・余興・演出に必要な備品など

空調・音響・映像・照明チェック

【料飲関係】
料理

突然の出欠などに伴う、数の増減

ドリンク

指定銘柄や特記事項を再確認（特にビールなどの銘柄指定）

【新郎新婦関係】

衣装・美容・着付けの時間と進捗状況

ブーケ・ブートニア（持込み品を含む）

【進行関係】

挙式

　　場所・時間・参列する人数

　　誓いの言葉・誓詞（媒酌人か本人か）

　　指輪（いつどこで誰が預かるか）

親族紹介

　　紹介者（代表者紹介か自己紹介か）

変更事項

　　主賓の欠席→代理人の有無

　　主賓の遅刻→代理を立てるのか、スピーチの順番を後にするのか

　　スピーチや余興の欠席→代理を立てるのか、中止するのか

新郎新婦の入退場

　　入場時、キャプテンの先導の有無

　　タイミングと回数

　　エスコート役の氏名と席

花束贈呈する相手

　　自分の母か、相手の母か

祝電

　　どの祝電をどの順番で、どのタイミングで披露するのか

　　（祝電が多い場合、全体の一部だけ読むこともある）

引出物・引き菓子

　　引出物・引き菓子・紙袋の種類と数

　　引出物と引き菓子は、紙袋に一緒に入れる

　　名前と内容を一つずつ確認しながらセットする

　　・「先付け」の場合は、　ゲストが着席する前に配布

　　・「後付け」の場合は、どのタイミングで配布するか

　　　（配布するまではゲストの目に触れないところに置いておく）

【引 出 物】

引出物・引き菓子はゲストによって種類や価格が違っています。

また個人単位や家族単位で用意されているので、袋詰めする時にはゲストの名前と引出物の内容を細かくチェックする必要があります。

紙袋は同一のものを使うことが一般的ですが、時々色を変える場合もあります。

【持込み品】

ウェルカムボード等

受付の傍に置くウェルカムボードや、ウェルカムドール、写真等々が搬送の間に壊れてしまっていることがあります。サービススタッフができるだけ応急的な措置をし、クレーム防止も兼ねて当日必ず新郎新婦に確認してもらいます。

幸い破損はしていなくても、取り扱いがとてもデリケートなものがあったり、セッティングがとても手間がかかったり難しかったりすることがあります。確実に返却するまでが責任なので最後まで丁寧に取り扱います。

メッセージカードと席札

新郎新婦が各ゲストに書いたメッセージカードが持ち込まれることがあります。

披露宴前に卓上にセッティングしますが、宛名があだ名で書いてある場合は誰なのか不明です。

新郎新婦に確認する必要があるので、早めに席次表と照らし合わせてチェックすることを心掛けます。

席札の名前が間違っている場合もあります。自社で用意した席札の場合は、新郎新婦に確認の上、予備の席札を使い直すことも出来ますが、持ち込みの場合はそうしたフォローができません。新郎新婦に相談して善後策を考えます。

《会場設営》

披露宴会場のレイアウトや備品は、一般の宴会や会議、セミナーなどと違い、いろいろなバリエーションがあり、デザイン性の高さを誇っています。

アイテムの一つ一つに新郎新婦の強い思い入れがあるので正確にセッティングすることが求められます。

会場設営の流れは、以下の通りです。

■披露宴会場の清掃
↓
■設備点検（空調・照明・音響など）
↓
■会場コーディネート
↓
■テーブルコーディネート
↓
■テーブル・セッティング
↓
■引出物の準備

【設備点検】

ブライダルでは演出が大掛かりとなることもあり、音響、照明にも専門的な技術が要求されます。

照明、マイクの音量、BGMの事前確認と調整などは不可欠です。

●以下の事項を、漏れがないよう丁寧に確認する

空調

最も快適なレベルになるように注意して設定します。

特に以下のような点への配慮が求められます。

＊列席者の数

準備段階と大勢のお客様が入室した時点では、温度が大きく変化する

＊体感温度

着席か立食かによって、スタッフとお客様によって、温度や湿度に対する感覚がずれている場合が多い

照明

汚れやほこりとともに、蛍光灯が点滅していないか、電球が切れていないかをチェック
スポットライトもチェック

音響

マイクやスピーカー、録音設備などが実際に機能するか、音量や音声の届き具合をチェック
DVD・余興の音源チェック・映像チェック（機材によっては読み込めない事もあるため）
司会のマイクテストも必須

【会場コーディネート】

受付台・ウェルカムボードなどの設置
エントランスや装飾、迎賓用の金屏風設置
各種演出装置の設営
テーブルプランにしたがったテーブル設営
料理ボードの設営（立食スタイルの場合）

テーブルプラン

テーブルプランとは、宴会の目的や人数に合わせた会場のレイアウトです。テーブルの数・形が把握できます。

洋式披露宴（着席スタイル）

会場全体のレイアウトは、テーブルプランにしたがって設定されます。
普通の宴会なら宴会場ごとに、招待客の人数などによって基本的なテーブルプランを用意しています。
披露宴では新郎新婦の希望に合わせてテーブルプランが考えられているので、会場レイアウトやテーブルの形はバラエティに富んでいます。
「馬蹄型」や「ちらしテーブル」、「くし型」が用いられるケースもあります。
また、人前式のためのバージンロード、馬蹄型やオーバル型などのテーブル、色や素材にこだわったクロスやナプキンなど、オリジナリティに溢れています。

メインテーブル

席次は、会場の一番奥がメインテーブルとなり、ここに新郎新婦、場合によっては媒酌人夫妻の席が設けられます。この席は正式には「高砂（たかさご）席」と呼ばれます。
そして、お客様からメインテーブルに向かって左側が新郎側、右側が新婦側の席となります。

広い会場の場合、数段高くするための雛段を使い、金屏風を立ててその前にメインテーブルを配していました。改まった雰囲気があり、また遠い席からも新郎新婦がよく見えるという利点があります。

しかし、お客様より高い位置に座ることは失礼だという考えや、ゲストとの距離を縮めることで「おもてなしの心」を伝えたいという思いから、雛段を使用しない場合も増えてきました。

ドレスとのバランスが良いということもあり、金屏風の代わりにジョーゼットと呼ばれる大きな白い布でメインテーブルのバックを飾ることが多くなりました。

縦型・横型
長方形の披露宴会場では、縦長に使う場合と横長に使う場合があります。

縦型は、従来のレイアウトで、トラディショナルな雰囲気を醸し出します。
ただし、親御様や親族の席が遠くなります。

横型は、比較的カジュアルな雰囲気になりますが、親御様の席にも近くなり、「親に晴れ姿を見せたい」と言う新郎新婦の願いに沿っているので、人気のあるレイアウトです。

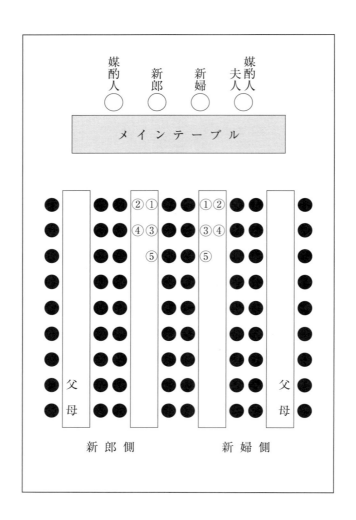

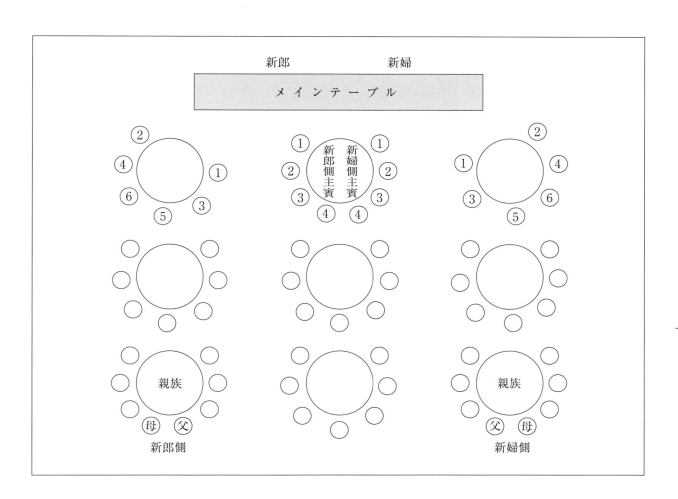

テーブルの形

　以前は直径180センチなど、大きな丸テーブル（8名〜10名掛け）が主流でした。
　しかし、テーブル内で楽しく会話をして欲しいという新郎新婦の願いに沿って、最近は丸テーブルのサイズが小さく（4名〜6名掛け）なっています。

　流しテーブルは、正餐のイメージがあり、正統性を感じます。

　丸テーブルの半分と、流しテーブルを組み合わせて、馬蹄型のテーブルを作ることもあります。
　この利点は、メインテーブルに背中を向けて座るゲストがいなくなることです。

　丸テーブルの半分と流しテーブルの組み合わせで、オーバル（楕円形）もあります。

　会場の大きさ、ゲストの人数、テーブルのメンバー構成などを加味しながら、テーブルの形とレイアウトを決めます。

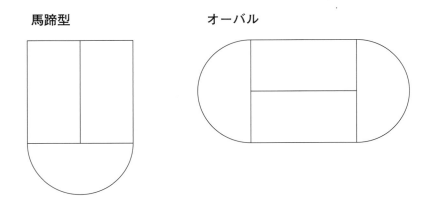

ブッフェ式披露宴（立食スタイル）

　新郎新婦の席は、会場の奥に金屏風やジョーゼット装飾、アイアンラティスなどをセットしてテーブルを配置いたします。

　ブッフェ式の席次は、基本的には自由となっていますが、各自の料理や飲み物を置くちらしテーブルがセッティングされる場合にはテーブルを指定する場合もあります。

　その時は、他の形式の披露宴同様、新郎新婦に近い席が主賓のテーブルとなり、出入口付近が親族テーブルとなります。

【テーブルコーディネート】

　披露宴会場ではテーブルのクロスや椅子カバーのコーディネートにもオリジナリティが求められます。

　予め新郎新婦とプランナーとの打合せで、テーマカラーを決めたり、衣裳や花などとのバランスを考えます。会場のインテリアや自然光の具合、照明の効果などをよく知るキャプテンはアドバイスを求められることもあります。

　テーブルクロスは、クロスの上にトップクロスを重ねたりランナーを敷いたりして、デザイン性を高める場合もあります。

　椅子カバーの有無、色、デザインは、クロスとのバランスを考えて決めます。椅子カバーにリボンや花を飾ってデザイン性を高める場合もあります。

　ナプキンは、クロスや椅子カバーとのコーディネートを考えながら色を決めます。畳み方は無限大にありますが、会場コーディネートのコンセプトや全体のバランスを考慮しながら決めます。

　席札やメニュー表は、テーブル上の装花やカトラリーとバランスを取りながら決めます。

　テーブル上の装花やキャンドル、テーブルサービス（キャンドルサービスなど）の備品は、基本的にフローリストが設置します。

●各テーブル上のバランスはもとより、会場全体のバランスが意識しながら各アイテムをセットする

【テーブルセッティングの順番】
　テーブルクロス
　　　↓
　チャイナ類、シルバー類、グラス類のセット
　　　↓
　ナプキンのセット
　　　↓
　席札、メニュー、テーブル記号札
　　　↓
　装花、キャンドル等
　　　↓
　椅子カバー、椅子セット
　　　↓
　引出物（先付けの場合）

挙　式

新郎新婦や親御様、ご媒酌人、ご親族が来館する前から、サービススタッフの仕事は始まります。
ここでは、お出迎えから挙式、集合写真までの一般的な流れと業務内容を説明します。

■お出迎え
↓
■親族控え室での接遇
↓
■挙式会場へのご案内
↓
■親族紹介のフォロー
↓
■集合写真のフォロー

《お出迎え》

ご両家にとって大切な一日のスタートです。
緊張感溢れるご関係者を、お喜びの気持ちと共にお出迎えします。
キャプテンやアシスタントは、事前に新郎新婦の来館時間を確認し、お出迎えします。

　サービススタッフ（●印）は、控え室の準備をします。
　介添え（○印）は、出社したらすぐに担当する新郎新婦の名前、来館時間、衣裳、美容や着付けの時間と場所、挙式のスタイルと時間、披露宴の場所と時間、写真などをメモしておきます。

　介添えは、原則的に新郎新婦と媒酌夫人、ご両家お母様のお世話係ですが、控え室ではサービススタッフと共に接遇をします。

●○控え室の行灯（案内板）を確認（一般的に、向かって右側が新郎関係者、左側が新婦関係者）
●○室内の電気や空調などを再度確認
●○挙式参列者予定数以上の椅子があるか、確認
●○桜湯などをセッティングしておく

○新婦が来館したら、挨拶する
　「本日はおめでとうございます。＊＊様でいらっしゃいますね。お待ち申しあげておりました。

私は、本日お世話させて頂きます△△でございます。どうぞ宜しくお願い申し上げます。」

○新婦を美容室に案内する

　「＊＊様がお見えになりました。よろしくお願いいたします。」と、美容スタッフに伝え

　「後ほどお迎えにまいります」と、新婦に伝える

○新婦の母や親族が一緒に来館された場合は、荷物を預けるためにクロークに案内し、とくに用事がなけ

　れば「お控え室にご案内いたします。」と言って、親族控え室にご案内する

　その後すぐに桜湯などをサービスする

　「お式までこちらでお待ちください。」とご案内する

○新郎が来館したら、着付け室もしくは美容室にご案内する

《親族控え室》

　親族控え室は新郎新婦やご親族が挙式や披露宴の前に過ごす部屋です。

　控え室担当スタッフと介添えが、お世話をします。

　親御様やご親族は、新郎新婦それぞれの控え室にご案内します。

　荷物はクロークに預けるようご案内します。

　控室では、控え室担当スタッフか介添えが桜湯、葛湯、昆布茶などをだします。

　（お茶の名産地以外、お祝いの席で煎茶は出しません）

○支度が終わった新婦をお迎えに行く

　「※※様、お待たせいたしました。お控え室へご案内いたします。」

○控え室では新郎新婦はあまり動けないので、用事は介添えが代行する

　「なにか他にご用はございませんか？」

　新郎が来たら、キャプテンは挨拶の上、確認などを行います。

● 「ご新郎の＊＊様でいらっしゃいますか。本日は誠におめでとうございます。私は挙式より御披露宴ま

　で担当させていただきますキャプテンの＊＊でございます。どうぞよろしくお願い申し上げます。」

●○ （キリスト教　プロテスタント）

　「挙式でご使用になります指輪をお持ちでしたら、私共でお預かりし祭壇にお納め申し上げます。」

　（指輪は、キャプテンか介添えがお預かりし、リハーサル時に牧師先生か聖歌隊に渡す）

　（式後は、指輪ケースと結婚証明書を、キャプテンか介添えが受け取る）

●○（神前式）

「挙式でご使用になります指輪をお持ちでしたら、私共でお預かりし神殿にお納め申し上げます。」

「ご奏上頂く誓詞にお目通しの上、ご確認をお願い申し上げます。」

（指輪は、キャプテンか介添えがお預かりし、神官か巫女に渡す）

（式後は、指輪ケースと誓詞を、キャプテンか介添えが受け取る）

●「こちらが祝電でございますので、お目通しをお願い申し上げます。

後ほど司会者と共に、披露なさる祝電と、その順番を承ります。」

キャプテンは、両家にも挨拶します。

●自己紹介

「本日は誠におめでとうございます。

私は挙式より御披露宴まで担当させていただきますキャプテンの＊＊でございます。

どうぞよろしくお願い申し上げます。」

（受付説明や親御様担当などをするアシスタントがいる場合は、併せて紹介する）

《挙式会場へのご案内》

キャプテンは、挙式前後の流れを説明し、挙式会場までご案内します。

【キリスト教式（プロテスタント）案内の一例】

●「挙式は＊時＊分を予定しております。

ご新郎ご新婦、親御様にはリハーサルを行って頂きます。

△時△分にはこちらにお揃いくださいますよう、お願い申し上げます。」

「参列される皆様は、挙式会場へ＊時＊分までにご入場をお願い申し上げます。」

●「挙式は20分くらいを予定しております。その後写真スタジオへご案内申し上げます。

集合写真のみお入りの方がいらっしゃいましたら、お名前をお知らせくださいませ」

（30分前）

●「それではリハーサルへご案内申し上げます。

ご新郎ご新婦、親御様はどうぞお進みくださいませ。」

●○リハーサル後、新郎新婦、新婦父をチャペル内控え室にご案内する

144

●新郎父母、新婦母、親族、ゲストをチャペルにご案内する

　教会内では、ゲストがバージンロードを踏まないような動線で、父母席以外の席へご案内する

　「それではご親族の皆様、ご入場くださいませ。前の方より順次ご着席くださいませ。

　　続きまして、ご来賓の皆様、どうぞご入場くださいませ。

　　祭壇に向かって右側がご新郎様側、左側がご新婦様側でございます。」

●全員着席後、入口のドアを閉める。
●牧師先生と新郎はチャペル内で待機するか、ドアの外でスタンバイして前奏とともに入場するので、流れに沿ってご案内をする
●○新婦、新婦父は、ドアの外でスタンバイし、開会宣言後に入場するので、流れに沿ってご案内をする
○入場直前の新婦の衣装やヘアメイクの乱れをチェックする

キリスト教式の席次（プロテスタント）

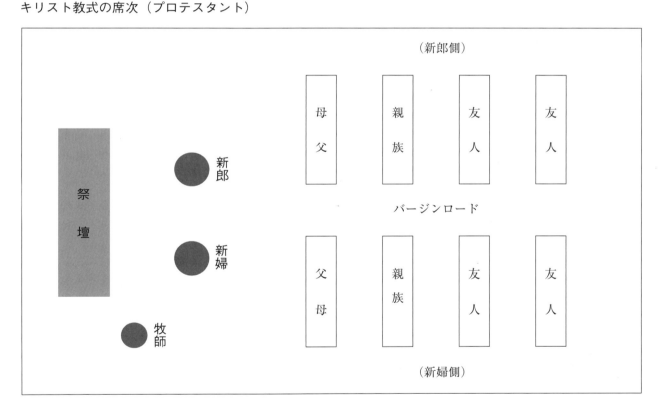

挙式後、一般的には親族紹介にすすみます。

　チャペル内で行う場合もありますが、別室で行う場合には対面会場にご案内します。
●新郎新婦退場時に、ドアオープンする
○介添えは、新郎新婦を親族対面会場にご案内する
●来賓を来賓控え室にご案内する
●ご両家の親御様、親族を対面会場へご案内する

【神前式案内の一例】

　神前式の場合、列席できるのは基本的に親族のみです。

● 「挙式は＊時＊分を予定しております。皆様を会場までご案内いたします。

　　参列される方は15分前の＊＊時＊＊分にはお揃いくださいますよう、お願い申し上げます。」

● 「挙式は20分くらいを予定しております。その後写真スタジオへご案内申し上げます。」

　「後ほど集合写真のみお入りの方がいらっしゃいましたら、お名前をお知らせくださいませ。」

（15分前）

●式場チェック　盃、供物、御神酒、誓詞、指輪等

　「あと10分ほどで、挙式会場へご案内させていただきます。

　　ご参列の皆様はお揃いでございますでしょうか。

　　それでは、今しばらくこちらでお待ちくださいませ。」

（5分前）

● 「ご新郎ご新婦、親御様、皆様、どうぞ廊下へお進みくださいませ。」

●他のお客様の迷惑にならないように配慮しながら、廊下に並んで頂く

　「長らくお待たせいたしました。

　　只今より挙式会場へご案内させていただきますので、お並びくださいませ。」

　お子様は、できるだけ入口に近い席にご案内したいので、列では後方に並んで頂く

○新婦の着物の着くずれや裾の乱れなどを直し、褄をとる

＊並ぶ順番（媒酌人がいない場合）

| 新郎 | 新郎父 | 新郎母 | 兄弟姉妹 | 祖父母 | 父方伯父母叔父母 | 母方伯父母叔父母 |

←進行方向

| 新婦 | 新婦父 | 新婦母 | 兄弟姉妹 | 祖父母 | 父方伯父母叔父母 | 母方伯父母叔父母 |

＊並ぶ順番（媒酌人がいる場合）

| 新郎 | 媒酌人 | 新郎父 | 新郎母 | 兄弟姉妹 | 祖父母 | 父方伯父母叔父母 | 母方伯父母叔父母 |

←進行方向

| 新婦 | 媒酌夫人 | 新婦父 | 新婦母 | 兄弟姉妹 | 祖父母 | 父方伯父母叔父母 | 母方伯父母叔父母 |

●「それでは挙式会場へとご案内申し上げますので、あとにお続きくださいませ」
○新婦に褄を持たせて、介添えをしながらゆっくり進む

挙式会場手前

●入り口の手前で止まり、列を再度整える
　式場内、写真やビデオの撮影などの準備が整っているか、確認する
○新婦の着物の着くずれや裾の乱れなどを再度チェックして、入場に備える

入場

●新郎新婦（いれば媒酌人夫妻も）を先にご案内し、椅子に着席していただく
○介添えは、着席する前に、着物を整える

その後、席次に従って、順にご案内します。
○「それではご親族の皆様、ご入場頂きます。
　　神殿に向かいまして右側がご新郎側、左側がご新婦側でございます。
　　お椅子の前からお進み頂き、ご着席くださいませ。」

誓詞

●○斉主に誓詞を渡す

開式

　参列者全員が着席した後、改めて斉主と巫女が入場して開式となります。
　進行は斉主に一任します。
○挙式中は目立たないように入り口付近に待機する
○玉串奉奠や指輪の交換などの時、着付けの乱れに留意する

親族紹介

　式が終了し、斉主と巫女が退場したら、その場で親族紹介をする場合があります。
●キャプテンが親族紹介をリードする

神前式の席次

神前に向かって右に新郎側親族、左に新婦側親族。血縁関係の強い順に。

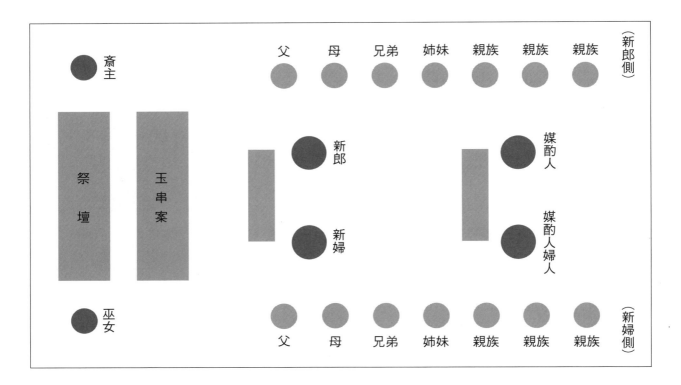

~ 友人知人の参列 ~

神前式は本来は、親族のみが参列していました。しかし最近は、キリスト教挙式のようにたくさんの方に参列してもらいたいという新郎新婦の要望に応えるため、大型の神殿が出来てきました。その場合、友人知人は参列の際には最後に入場し、親族固めの盃では、一緒に御神酒を頂きます。

~ 行方不明 ~

挙式直前になって親族が行方不明になることも珍しくありません。控え室担当スタッフは挙式15分くらい前になったら、お化粧室に行った人の特徴を覚えておくようにしています。お化粧室にいらっしゃる方に声をかける場合もあります。

それでも誰かがいつまでも控え室に帰ってこない場合は、スタッフが「私が後でお連れします」と言って、時間通りに進行できるように取り計らいます。

全員が出ていった後の控え室のチェックをし、なにか忘れ物があったとしたら「人も残っているかもしれない」と考えて、丁寧に確認します。

《親族紹介》

神前式では、親族が向かい合って座っているため、そのまま親族紹介をする場合があります。
キリスト教会式でも、挙式後のチャペルに親族だけが残って親族紹介をすることがあります。
場所を移して紹介を行うことが一般的です。

親族紹介は挙式前に行うことが多いですが、挙式と披露宴の間の時間が短い、控え室が混んでいる、人前式を披露宴会場内で行うなどの状況によっては挙式後に行う場合もあります。

両家の親族控え室が隣りあっている場合は、仕切りを取り払い、親族紹介を行います。「対面の間」などと呼ばれる会場にご案内する場合もあります。

○介添えは、新婦の衣装に気を配りながらご案内する
　（和装の場合は、新婦に褄を持って頂き、手を取ってご案内する）
●親族紹介の順番で着席するように、ご案内する

●「本日は誠におめでとうございます。それではこれよりご親族のご紹介を始めさせて頂きます。
　　まず始めにご新郎のお父様より（ご媒酌様ご夫妻をご紹介いただき）
　　ご新郎様方のご紹介をお願い申し上げます。」
　（媒酌人がいる場合は、媒酌人が新郎側の代表者に親族紹介を促し、その後新婦側の代表者に紹介を促すこともある）

双方の父親か親族の代表が紹介する場合と、自己紹介の場合があり、いずれも新郎側が先に行います。
　紹介する順番は、父→母→兄弟姉妹（年上から）→父方の祖父母→母方の祖父母→父方の伯父伯母・叔父叔母→母方の伯父伯母・叔父叔母→父方のいとこ→母方のいとこが一般的ですが、地方などにより異なる場合もあります。

●「ありがとうございました。
　　続きまして、ご新婦様方ご親族のご紹介をご新婦お父様よりお願い申し上げます。」
　（紹介の方法を両家で打ち合わせていない場合は、新郎側の方法に新婦側も合わせます）

●「ありがとうございました。それではこれより皆様を集合写真のスタジオへご案内いたします。
　　ご新郎ご新婦様（ご媒酌夫妻様）に続きまして、お進みくださいませ。」
○介添えは、新婦の衣装に気を配りながらご案内する
　和装の場合は、新婦に褄を持って頂き、手を取ってご案内する

《集合写真》

　挙式後、もしくは親族紹介後に集合写真を撮ります。

　披露宴が始まるまでの短時間に大人数が移動するので、手際良くご案内することが求められます。

　最近はフラワーシャワーなど挙式後の演出が増えてきて、個人的な写真を撮りたがるゲストがたくさんいるので、細やかな配慮を持ちながらご案内します。

　庭園など屋外で撮影することもありますが、天候で撮影場所が変わることもあるので、その場に合わせた判断が必要です。

　集合写真の時点で主な方々の顔や特徴などを覚えておくと、披露宴の進行にあたって助けになります。

○介添えは、新婦の衣装に気を配りながらご案内する

　和装の場合は、新婦に裾を持って頂き、手を取ってご案内する

並ぶ順番

　一番前に新郎新婦、媒酌人ご夫妻、親御様などが並び、前から順に続柄が近い人が並びます。

　また、向かって左側に新郎方、右側に新婦方が並びます。

新郎母	新郎父	媒酌人	新郎	新婦	媒酌夫人	新婦父	新婦母

●集合写真終了後、家族単位などの写真撮影がある場合は、声をかけて残っていただく

●披露宴控え室へご案内する

　「それでは、これより御披露宴控え室へご案内申し上げます。

　　お手回り品をお持ちの上、お進みくださいませ。」

○介添えは、新婦の衣装に気を配りながらご案内する

　和装の場合は、新婦に裾を持って頂き、手を取ってご案内する

披露宴

披露宴は、ブライダルの中でサービススタッフが最も深く関わっている場面です。

個人で開催する高額な宴会であるためお客様の求めるレベルが大変高いという認識が必要です。

会社における売上の中で大きなウェイトを占めるため、社内からの期待が大きい仕事でもあります。

披露宴とは

皆様に結婚したことをお披露目する場が、披露宴です。

「はじめまして」「ありがとうございます」「よろしくお願いいたします」という新郎新婦の気持ちを伝える場でもあります。

新郎新婦の想いを伝えられるようなサービスを心掛けます。

披露宴は、招待客の入場を新郎新婦・媒酌人夫妻・親御様が会場入口で迎えることから始まり、同様に招待客を見送ることで終了するのが一般的です。その間の進行は披露宴の形式などによって多少の違いがありますが、主賓挨拶・ウェディングケーキ入刀・乾杯・お色直し・キャンドルサービス・スピーチ・余興・花束贈呈などのプログラムで構成されています。

ここでは披露宴の形式の一例を取り上げます。

その進行とサービスの方法について学習しましょう。

披露宴のスタイル

披露宴は、地方性や両家の意向、会場によって違ってきますが、平均的なケースは以下の通りです。

招待客数　60 〜 80名

所要時間　2 〜 2.5時間

形式　　　着席が主流（多人数や、カジュアルな1.5次会感覚のパーティでは立食も）

祝金　　　御祝儀制がほとんどだが、北海道や奄美大島などでは会費制もある

披露宴での業務

《受付説明》

来賓受付は「披露宴の第一印象」です。

したがって受付作業がスムーズに運ぶか否かは非常に重要です。

サービススタッフは、披露宴会場内の準備を進めると共に、会場付近に来賓用の受付テーブルをセットします。また受付のテーブルにはご両家名を書いた札を設置します。

一般的には両家の関係者や新郎新婦の友人などが受付を担当します。受付係の人数は出席50名で受付2名、100名で4名程度です。

ここでは両家関係者が担当する場合と、会場側スタッフが担当する場合に分けて、そのポイントを解説します。

【両家関係者の場合】

●両家の受付係が来場したら、席次表や受付に必要な備品類を渡す

（芳名帳、硯箱、筆やサインペンなど署名用の筆記具、お祝いを納める折敷（祝儀盆）など）

●以下のような確認を両家と行う

受付テーブルの配置

受付テーブルセッティング（受付表示・御祝儀受けの黒盆・筆・硯・サインペン等）

芳名帳・席札・記号札・席次表などの設置

防犯面での留意点

受付責任者の名前および新郎新婦との関係などの基本事項

御祝儀の保管責任者と、保管方法（セイフティボックスなどの使用の有無）

当日の基本的なスケジュール（受付開始・撤収予定時間）

祝電などの保管場所

受付業務

出席者名簿の内容

変更や追加・遅刻者など

受付の流れ

（例・芳名帳署名で招待客の名前を確認し、テーブル記号札・席次表などを渡す）

ご案内の内容

（主賓控え室、来賓控え室、親族控え室の名称を伝え、ご案内する招待客を確認）

説明のポイント

ご案内

　受付では披露宴会場や控え室だけでなく、お化粧室や着替え室（男性用・女性用）、クロークやセーフティボックスなどの場所も質問されます。

　スタッフは受付係に場所だけでなく、行き方の説明の仕方も丁寧に教えます。

　控え室やホワイエ（待合スペース）でウェルカムドリンクが出る場合にはその旨もご案内します。

芳名帳

　芳名帳は大事な記念の一品です。

　キレイに書き終えて記念品として残せるよう、招待客数とのバランスをチェックして、1ページに何名書いてもらうのか、裏ページにも書いてもらうのかなどをアドバイスします。

席次表

　席次表は、人数分あるとは限りません。

　必ず枚数をチェックして、全員に渡すのか、家族毎に渡すのか、アドバイスします。

御祝儀

　受付は大事な御祝儀を預かる場所でもあります。

　紛失や盗難を防ぐために、より一層丁寧な説明が求められます。

　以下は、あるホテルの一例です。

●たとえ親族などが早く来ていても、受付は挙式後から開始するよう案内する

　　（早い時点から金品を預かることをなるべく避けるため）

●キャプテンのアシスタントなどが呼びに来るまで受付から離れないよう案内する

　　（お金のそばに必ず人を配しておくため）

●スタッフが呼びに来たら、受付者が御祝儀を親御様に渡すタイミングを案内する

　　（披露宴スタート前か、乾杯後）

●親御様担当スタッフが親御様をフロントの貴重品預りにご案内する

　　（スタッフは、金銭に決して手を触れない）

第3章 ● 婚礼サービス

153

●御祝儀を預けるお手伝いをし、受け取る時の注意事項を説明する
　（預けたご本人しか受け取れないため）

　会場への到着が遅れる招待客がいる場合、サービススタッフが受付作業を代行する場合がありますが、御祝儀の管理はしないようにします。

　両家関係者が受付を行っている場合でも、スタッフは常にその状況を把握するし、受付関係者が困っている点や要請事項に対処するように心掛けます。
　例えば、次のような状況になっている場合は即座にフォローします。

●受付周辺が混雑している
●出席者が受付周辺に滞留している
●受付関係者の作業が停滞している
●会場内の施設の場所を出席者に尋ねられて、受付関係者が答えられない
●挙式や披露宴開始の時間が迫っているのに、出席者がなかなか集まらない
●他家の受付場所と近接しており、出席者が受付場所をわかりにくくなっている

《迎賓》

　親族控室などで待機している新郎新婦、媒酌人夫妻、親御様を披露宴会場入り口付近のお迎え場所にご案内します。

　新郎が来賓に向かって中央右、新婦が中央左、新郎の右隣に媒酌人、新郎の父親、母親、新婦の左隣に媒酌人夫人、新婦の父親、母親の順に並ぶように担当キャプテンがご案内します。

○和装をお召しの方は、末広を手に持って頂き、ハンドバック類はどなたかに預けて頂く
●形が整ったら、ゲストの皆様に声をかけて、写真を撮って頂く時間を取る

●お迎えにかかる時間を逆算して（約15分前の場合が多い）、ゲストをご案内する
　「大変長らくお待たせいたしました。ご新郎ご新婦ご両家様がお迎えしております。
　　御披露宴会場へお進みくださいますようお願い申し上げます。」

これより、迎賓です。

●主賓や年長者は、お席までご案内する

●すべてのゲストが入場した後、
　ご両家親御様をお席までご案内する

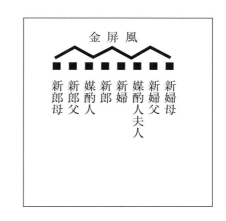

～ レシービングライン ～

　迎賓は、列席への御礼を伝えるレシービングライン（立礼）です。
　来賓出迎え時の並び方は作法の流派や地域の習慣、式場の取り決めによって幾通りかの並び方があります。
　並ぶ順番は、新婦母・新婦父・媒酌人夫人・新婦・新郎・媒酌人・新郎母・新郎父となります。媒酌人がいない場合は、媒酌人夫妻を外しますが、順番はそのままです。
　本来白無垢は披露宴では着ないものなので、その前に白無垢姿を披露したいという意味合いもありました。迎賓後に色打掛にかけ直せば、両方を見て頂けるからです。
　しかしゲストの入場に時間がかかることや、ドレスの場合は迎賓と入場の印象に差がないことから、最近は迎賓をしないことが多くなりました。

《披露宴でのサービス》

いよいよ披露宴が開宴されます。
式次第はお客様のご希望に沿って組み立てていきますが、以下は一般的な例です。

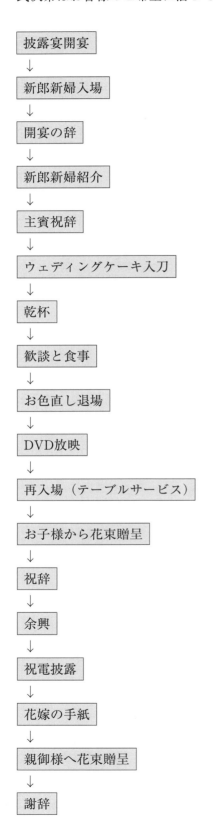

披露宴サービスのポイント

　キャプテンは、司会と進行の時間調整などを図りながら、お客様のご案内や料飲のタイミングを指示します。サービススタッフは、その指示に従って速やかに動きます。

　その他、照明や音響、カメラマンなど多くのスタッフが業務に当たっています。お互いの仕事を尊重し、協力しあいながらサービスを進めていきましょう。

　また、新郎新婦や親御様、ご親戚、ゲストすべての方々の気持ちを思いやり、心のこもったサービスを心掛けましょう。

披露宴開宴

　ゲストと親族がお席に着きます。
　ゲストと親族は受付で渡された席次表、席札、テーブル記号名などで自分の席を確認します。

●各テーブルには、目印になる記号札を、入口から見やすい方向に立てる

●サービススタッフは、席次表と照らし合わせながらゲストをご案内する

●ゲストや親族が入室してテーブルに近づいて来たらテーブル担当者はイスを引き、深く座ってもらう

●テーブル毎に全員座り終えた時点でテーブル記号立てを取り上げ、バックヤードに下げる

●ゲストと親族の入場が終了したら、親御様を自席にご案内する

●新郎新婦から要望があった場合や、来賓控え室がある場合は、お迎えや席までのご案内をする

新郎新婦入場

　新郎新婦が入場します。
　来賓及び親御様の入場・着席を見定めて、係は一度出入り口の扉を閉めます。

●ドアオープン前に、キャプテンは新郎新婦の動線やお辞儀の仕方など注意事項を再度説明する
○入場直前の新郎新婦の衣装やヘアメイクのチェックをする

　司会者が「皆様、お待たせいたしました。ただいまより新郎新婦の入場です。盛大な拍手でお迎えください」などと告げるなどのタイミングで、係は再び扉を大きく開きます。
　最近は、音楽の途中のタイミングでドアオープンすることも増えてきました。
　そのため、司会や音響、照明との披露宴前打合せ時に、実際にその曲を聴き、タイミングを確認します。
　入場前にはドアの外側で耳をそばだてて、そのタイミングをキャッチします。

●入場前に音楽やオープニングビデオを流す場合は、ドアオープンのタイミングを事前に確認する

　新郎新婦がメインテーブルについたらキャプテンと介添えは着席を手伝います。
●「お席に着かれましたら、お声をかけさせて頂きますので、ご一緒にご一礼くださいませ。」

○介添えは先回りして、高砂席近くに控えておく

●○その後、キャプテンと介添えはタイミングを合わせながら、着席を促す

　媒酌人がいる場合は、一緒に入場し、媒酌夫人に新婦の介添えをお願いします。
　キャプテンが先導する場合、キャプテンとご媒酌人の間は1.5m、その後ろはそれぞれ1mほど間隔を空けながら進みます。

●「ご媒酌人様、お先にお進みくださいませ。」
　「ご新郎様、ご媒酌人様の後ろにお続きくださいませ。」
　「奥様、恐れ入りますがご新婦のご介添えをお願い申し上げます。
　狭いところがございましたら、奥様が先にお進み頂き、ご誘導をお願いいたします。」

○介添えの方法を、媒酌夫人にアドバイスする

開宴の辞

　全員が着席したところで、司会者から開宴の挨拶が行われます。

●メインテーブルと親御様席の係以外のサービススタッフはいったん退室する

新郎新婦紹介

　新郎新婦の紹介をします。
　媒酌人がいる場合は、媒酌人夫妻と新郎新婦の4名が起立し、媒酌人から挙式の報告、列席への御礼に続き、新郎新婦を紹介します。

　媒酌人がいない場合は、新郎新婦が起立し、列席の御礼と、二人の紹介をします。
　司会者からの紹介する、新郎が二人を紹介する、それぞれが自己紹介する、お互いが相手を紹介しあうなどの場合があります。

主賓祝辞

　主賓は新郎・新婦側から各一名が事前に挨拶を依頼されています。
　主賓挨拶を受けるときは、係は新郎新婦の起立を手伝います。

●新郎新婦の主賓を事前に確認し、マイクスタンドまでご案内する
　主賓が欠席や遅刻をした場合は、代理人を確認し、司会に伝えたうえでご案内する
　主賓の身長に合わせて、マイクスタンドの高さと角度を調整する

●○キャプテンと介添えはタイミングを合わせながら、新郎新婦に起立を促す
●親御様担当スタッフは、親御様に起立を促す
　「どうぞご起立下さいませ。」
●○主賓から着席を促されたら、タイミングを合わせながら着席を促す
●親御様担当スタッフも、親御様に着席を促す
　「どうぞご着席下さいませ。」

　主賓挨拶の後に乾杯になる場合、二人目（一般的に新婦側の主賓）の挨拶が始まったら、サービススタッフはシャンパンを持って入室し、各自担当テーブルの立ち位置で待機します。
　キャプテンの合図で、シャンパンのサービスを始めます。

ウェディングケーキ入刀

　　司会者の進行で新郎新婦によるウェディングケーキ入刀が行われます。
　　キャプテンは新郎新婦をケーキ台に誘導します。

●新郎は白扇か手袋を右手に持って起立してもらう
○介添えは新婦の衣装を整える（和装の場合は、褄を取る）

　　一緒にケーキの前までお進み頂きます

○ケーキの前で、介添えは新婦からブーケを預かる

●キャプテンは紅白のリボンや花で飾られた専用ナイフの刃をナフキンで包み、柄の方を新郎新婦に手渡す

●新郎新婦の立ち位置やポージングを説明する
　　新郎は新婦の右に立って、右手でナイフを持ち、左手は新婦の腰にまわす
　　新婦は新郎の右手の上に自分の手を軽く重ねる（会場によって、持ち方が違う場合もある）

●ケーキカットの位置やタイミングなどを新郎新婦に説明する

　「切り口に沿って、上から下にゆっくり入刀して頂き、その後はお写真を撮って頂くために、しばらく
　　そのままでお待ちくださいませ。」

●ケーキ入刀後は、二人のカメラ目線を合わせるよう促す
　　撮影がひと段落したことを確認後、ナイフの刃をナフキンでカバーしながら納める

○介添えが新婦の身支度を整えるまで、新郎にはお待ち頂く
●○その後一緒にメインテーブルまでご案内し、一礼して、着席して頂く

　　ケーキ入刀の後に乾杯をする場合、サービススタッフは入刀と同時にシャンパンを一斉に抜き、受け持
ちのテーブルにサービスします。（一本に付き約8〜10杯程度）

　　ケーキ入刀は、乾杯の後に行われる場合や、ウェディングドレスに着替えた後に行われる場合もありま
す。

160

～ ファーストバイト ～

　　お互いがケーキを一口ずつすくって食べさせあう「ファーストバイト」をすることが増えてきました。新郎は「一生食べさせてあげますよ」新婦は「一生美味しいものを作ってあげます」というようなメッセージを込めています。

　　介添えは、その後に新郎新婦の口周りや衣裳をチェックし、必要であればさりげなくきれいにしてあげましょう。新婦の口紅のチェックもします。

乾杯

　指名を受けた来賓の発声によって乾杯が行われます。

●乾杯の挨拶をする来賓をマイクスタンドまでご案内する
●司会者の進行で全員が起立する
●○タイミングを合わせながら、新郎新婦に起立を促す
○新郎新婦にグラスの持ち方をさりげなく教える

●乾杯の発声のタイミングを見て、挨拶者にグラスを渡す
●挨拶が終わるまでに、ゲスト全員にドリンクをサービスする

　乾杯のあと料理のサービスが開始されます。

歓談と食事

●料理のサービスをスタートする
●料理とドリンクの出し下げの指示を行う
　（詳細は、98頁の披露宴の料理別料飲サービスを参照）
●ゲストが歩きまわるので、注意する

お色直し退場

　新婦が先に退場し、しばらく経って新郎も退場する

　お色直しのとき、媒酌人がいる場合は媒酌夫人が新婦の手を取って退席します。

　いない場合は新婦の母、兄弟、友人などが入り口まで送り、あとは介添えに任せます。

　新郎新婦が手をつなぐ、腕を組むなどして二人で退席する場合もあります。

○新婦の衣装を整え、ドレスの場合はブーケを渡す

●新郎新婦のエスコート役（家族・友人など）を、メインテーブル横にご案内する

●エスコート役に、動線を説明する（親の傍を通りたいなどの要望を確認する）

●お開き口にて、会場に向かって一礼して頂いたのち、退場する

●退場後は、エスコート役にお礼を申し上げてお席までご案内する

●新郎新婦の退場中は、料飲サービスは中断する

●会場の外での個人的な写真撮影は、時間を確認しながら調整する

●プロのカメラマンによる撮影がある場合、同行するか、その後の動向を確認する

○介添えはヘアメイクと一緒に、撮影のフォローをする

お色直し

○介添えは美容室または着付け室にご案内する

　「＊＊様のお色直しをお願いいたします。」と、美容スタッフに伝え

　「お支度ができましたらお迎えにあがります」と、新婦に伝える

○新郎新婦の体調、空腹具合を確認し、必要であれば簡単な飲食を用意する

　再入場の時間を確認し、美容スタッフに伝える

○お色直しが終わったら、キャプテンにその旨を伝える

　写真撮影がある場合は、その場所までご案内する

○写真撮影が終わったら、再入場のエスコート役に介添えの引き継ぎをする

ＤＶＤ上映

最近は披露宴でのＤＶＤ上映が、増えてきました。

入場前、お色直し中、余興時、謝辞後など、上映するタイミングは様々です。

●会場が暗くなるので、注意して料飲サービスする、もしくはサービスをストップする
●映像の陰にならないよう、動線に気を配る
●ゲストが見やすいように、スクリーンの設置場所に配慮する

再入場

再入場した後、「テーブルサービス」の演出をすることが多く、キャプテンは新郎新婦の先導をします。

ちなみにテーブルサービスとは、お色直し後の再入場時、新郎新婦が各テーブルを回りながらする演出です。キャンドルサービスが代表的ですが最近はそれに代わる演出もあります。

サービススタッフは、それぞれの演出の使い方や効果を事前に理解し、新郎新婦に手際よく説明し、演出中はフォローします。

●事前に、テーブルを回る動線や、各テーブルでの新郎新婦の立ち位置を確認する
●キャンドルサービスなど各テーブルでの演出の方法を、入場直前に新郎新婦に再度説明する
●入場したら、会場に向けて一礼

（例：キャンドルサービス）
●新郎は新婦の右側に立ち、右手にトーチ（点火する棒）を持ち
　左手は手袋を持ったまま、新婦の腰にまわすよう、説明する
　新婦は右手で新郎と腕を組み、左手はブーケを持つよう、説明する
　（二人でトーチを持つ場合もある）
●各テーブルについたら、新郎新婦揃っての一礼を促す
　新郎が点火をする
●点火したら、また一礼してもらい、次のテーブルに案内する

●最後にメインキャンドルに点火し、写真撮影のためにしばらくそのままお待ち頂く
○ブーケは介添えが預かる
　メインキャンドルは新郎新婦二人で点火する

祝辞

　食事が進んでいる間に、一般来賓の祝辞が始まります。

　司会者が、新郎新婦は着席のまま祝辞を受けさせて頂く旨、お許しを頂きます。

●司会と確認を取りながら、祝辞の方の居場所を確認する

●祝辞や余興が自席で行われる場合は、手早くマイクが渡せるように待機する

●祝辞の方に、マイクを渡す

余興

　親族や友人などによる余興が行われる際は、必要に応じてサービススタッフやアシスタントキャプテンがフォローします。

○突然の降壇要請もあるので、いつでもフォローできるようスタンバイしておく

●○新郎新婦が降壇される場合は、　新郎は白扇や手袋、新婦は末広やブーケを必ずお持ち頂く

●事前に余興の内容や必要備品などを確認し、出来ればリハーサルをしておく

●タイミングを見て、余興をするゲストをスタンバイさせる

●着替えなどがある場合は、その場所とかかる時間を確保しておく

●演奏や映像などの場合は、事前のチェックを綿密にする

●クイズの集計など、必要であればフォローをする

祝電披露

　祝辞や余興の合間に、司会者によって祝電が披露される場合があります。

　（お色直しの間に祝電披露が行われる場合もあります。）

●披露する祝電の選択や披露する順番やタイミングなどを、披露宴前までに新郎新婦と司会が打合せする

●打合せ後に届く場合もあるので、披露直前まで漏れがないかチェックする

引出物配布

　引出物（ゲストに渡す記念品）と、引き菓子（記念のお菓子）は、紙袋に入れてゲストに配布します。

●紙袋は通常とても大きくてゲストの目につくので、配布するタイミングに気を配る

理想的なタイミング

　料理のサービスひと段落した時（メインディッシュサービス後など）

　会場がざわついている時（余興時など）

避けたいタイミング

　早すぎる時（ゲストが早く帰ってしまうのではという不安があるため）

　料理のサービスが忙しい時（料理の熱冷を損なわないため）

　静寂を求められる時（主賓挨拶、プロの演奏、花嫁の手紙、花束贈呈、謝辞など）

お子様からの花束贈呈

●お子様に渡すプレゼントは、目に触れないがすぐに渡せるところに移動させておく

●お子様を定位置に連れてきてもらうタイミングを、お子様の親御様に予め伝えておく

●お子様が勝手に持っていかないよう、親御様に依頼する

●○新郎新婦に起立を促し、メインテーブル前など定位置に誘導する

●花束贈呈が終わるタイミングで、プレゼントを新郎新婦に渡す

　新郎新婦は、お子様の目の高さでお礼のプレゼントを渡す

●お子様との写真撮影の時間を取る

花嫁の手紙

（着席した状態から花束贈呈に移る場合）

●○新郎新婦に起立を促し、メインテーブル前など定位置に誘導する

○新郎がハンカチを持っていない場合は、予備を渡す

○新郎から白扇や手袋、新婦から末広やブーケをお預かりする

●親御様には、手紙のタイミングとお声がけすることを予め伝えておく

　トイレや電話などで席を離れる親御様もいるので、余裕を持って伝えておく

●親御様を定位置に誘導する

　貴重品やバックなどは親御様からどなたかに預けて頂く

○新婦が涙を流した場合、介添えはお化粧をチェックする

親御様への花束贈呈

　親御様への感謝を込めて、新郎は新婦の母親へ、新婦は新郎の母親へ花束を贈呈します。
　それぞれが自分の母親へ花束の贈呈をする場合もあります。

●花束や記念品を事前に確認しておく
●贈呈する相手を事前に確認する
●○花束を渡す前に、持ち方を変えることを指導する

（着席した状態から花束贈呈に移る場合）
●○新郎新婦の起立を手伝い、メインテーブル前など定位置に誘導する
○白扇や手袋・末広やブーケは介添えがお預かりする

●親御様を所定の場所（通常は披露宴会場の出入り口扉の付近）にご案内する
●新郎新婦を、親御様の元へ案内する
●○渡された親御様の花束の持ち方を、さりげなく直す

謝辞

　花束贈呈のあと、両家の代表者（新郎の父親）により来賓へ列席の謝辞が行われます。
　両家代表者の謝辞に加えて、新郎新婦自身が謝辞を述べることも多くなってきています。

●新郎新婦を両家親御様の間に並ぶように誘導する（会場によって異なる）
○白扇もしくは手袋を新郎に、末広もしくはブーケを新婦に渡す
○花束ではなく記念品を贈呈した場合、介添えはお預かりするかどうか親御様にさりげなく尋ねる
●両家代表者（新郎の父の場合が多い）にマイクを渡す
●希望があれば、続いて新郎にもマイクを渡す
　新婦も挨拶をする場合もある

送賓

　謝辞が終わったら、新郎新婦、媒酌人夫妻、親御様は、お開き口にてお見送りをします。
　司会者からお開きの挨拶が行われ、送賓となります。

●○新郎新婦、親御様をお開き口付近の所定の位置にスムーズにご案内する
●○媒酌人がいる場合は、媒酌夫妻をメインテーブルより定位置にご案内する
●媒酌夫人のバックや引出物などは、スタッフがお預かりして後ほどお渡しする

　ゲストは順次退場します。
●その際サービススタッフは会場内の忘れ物等をチェックする

　新郎新婦はお礼の挨拶を述べ、お見送りします。
●送賓の流れが止まらないよう、写真撮影は送賓後になどとご案内する
●プチギフトを渡す場合は、手際良く補充する

●○すべての送賓が終わったら、新郎新婦、媒酌人夫妻、親御様にお礼のご挨拶をする

お開き後

■媒酌人夫妻お見送り
↓
■お預かり品引き渡し
↓
■新郎新婦お見送り

《媒酌人夫妻お見送り》

●媒酌人へ当日お礼を渡す場合は、予め両家が指定した場所へご案内する
●玄関までお見送りする（両家のどなたかもお見送りするようお声をかける）
●配車の手配をする

《お預かり品引き渡し》

　新郎新婦だけではく、両家関係者にも一緒にご確認いただきながら引き渡します。

●新郎新婦のお持込み品をお返しする

●受付にて頂戴したお祝いの品をお渡しする

●両家からお預かりした品をお渡しする

　誓詞・指輪ケース・祝電・芳名帳

　演出関係（ウェルカムボード・メインキャンドル・升など）

　音響映像関係（BGM・DVDなど）

　引出物（残数）

　など

●二次会使用、部屋入れの荷物がある場合は、別に分けて確認してもらう

《新郎新婦お見送り》

　お着替えをして退館されるまで、丁寧にお世話をします。

○美容室までご案内する

　「お疲れでございましたでしょう。」と、ねぎらいの言葉をかける

●○玄関までお荷物を持って、お見送りする

　「本日はおめでとうございました。」

●宿泊の場合は、翌日までお世話をする

　新婦の料理を部屋に入れるかどうか、確認する

　翌日のチェックアウト時間を確認する（延長料金の説明も）

　翌日の配車の手配をする

第 4 章
結婚式の基礎知識

お客様は、ブライダルに関わるスタッフはブライダルに関してなんでも知っていると思っています。

実際に、ブライダルフェアや試食会などでサービススタッフが新郎新婦や親御様からいろいろな質問を受けることがあります。

直接タッチする業務でなくても、基礎知識はしっかりと身につけましょう。

ブライダルは多くの他業種とのコラボレーションです。

様々な商品の名前や活用方法などを知ることは、関連企業との相互理解やスムーズな意思の疎通のためにも不可欠です。

ブライダルに関する知識を得ることで、ブライダルサービスへの理解が深まります。

あらゆる立場のお客様の期待に応え、気持ちよく過ごして頂き、感動を持ち帰って頂けるように、広範囲の知識をしっかりと構築し、スキルを磨きましょう。

結婚式とは

結婚式とは、結婚の誓いをする儀式です。

以前は家同士の縁組の意味合いが強く、両家が姻戚となるための儀式でもありました。

しかし現在は個人の意志で結婚することが多く、それに伴い結婚式も二人がそれぞれの家から独立し、新しい家庭をつくり、末永く添い遂げることを宣誓する場となりました。

尚結婚式のスタイルは、宣誓する対象（相手）によって変わります。例えばイエス・キリストに誓うのであればキリスト教会式、神様であれば神前式、仏様であれば仏前式です。

結婚の定義

日本においては、日本国憲法第24条にて「婚姻は、両性の合意のみに基いて成立し、夫婦が同等の権利を有することを基本として、相互の協力により、維持されなければならない」と規定されています。

結婚には、婚姻届を出す「法律婚」と、婚姻届を出さずに夫婦生活を営む「事実婚」があります。

婚姻とは、婚姻届を提出し、夫婦で新しい家族として新しい戸籍をつくることで法律上正式な夫婦になることをさします。

日本で「法律婚」を成立させるためには、民法の中の婚姻法で結婚の要因として、婚姻適齢、重婚の禁止、再婚禁止期間、近親者の婚姻の禁止、婚姻の届出やその受理などいくつかの条件が定められています。

婚 姻 届

婚姻届書

　本人それぞれの署名・捺印と、証人2名の署名・捺印が必要です。

　本人それぞれの戸籍謄本か写本を一通添付します。

届け出

　本人の本籍地、新本籍地、住所地の市町村役場で、一年中24時間受理されます。

　本人が届ける場合は、式をした所在地の市町村役場でも受理されます。

結婚式の歴史

　日本での結婚に関する最初の記述は、「古事記」です。イザナギノミコトとイザナミノミコトが結婚して、次々と淡路島などの島を産んで、日本ができたという神話が記されています。

　原始時代は、「共同婚」と呼ばれ、男女は気の向くままに結ばれていたようです。子供は母親のもとで育てられました。

　その後、男性が夜女性宅へ行き（夜這い）、相手が許せば交わる「妻問婚」となりました。

　なんともおおらかな自由恋愛の世界ですが、夜這いは昭和の時代でも一部で残っており、結婚のきっかけとなっていました。

　奈良時代には、妻のもとに通う夫を同族と認める儀式が発生しました。

　平安時代になると、貴族社会では「婿取り婚」といって、女性の親が男性を婿に迎えるようになり、結婚の体裁が整うようになりました。

　鎌倉時代には、武家社会で「嫁取り婚」「嫁入り婚」といって、男性の家に女性を嫁として迎え入れるようになりました。

　室町時代になると、婚約や結婚に際しての儀礼や祝宴など現代に通じる儀式が整い、武家のための婚礼の作法書が作られています。新婦の白無垢やお色直し、引出物などに関してもこの時代の礼式書に記述されています。

　江戸時代になると、下流武士に至るまで結婚式の形式が整えられ、家柄にふさわしい相手を探す「見合い婚」が広まりました。

　しかし、庶民は相変わらず恋愛結婚が主流でした。階層が高いほど、自由な結婚は難しかったようです。

結婚式のトレンド

　明治33年、当時の皇太子（のちの大正天皇）の婚儀が神道式で行われ、神社で儀式を行う「神前式」が一般に広まっていきました。

　明治時代後半、出張型神前式が考案され、個人宅や施設にて神前式ができるようになりました。

　大正時代、出張型神前式を導入することで、ホテルや会館などでの神前式が盛んになり、披露宴とセットで行うスタイルが出来てきました。

　昭和時代の第二次世界大戦前までは、神前式は富裕層に限られていましたが、第二次世界大戦後は、神前式は一般にも普及し、結婚式・披露宴会場は新郎宅から結婚式場やホテルなどに移行していきました。

　1970年頃になると、婚姻件数がピークに達し、年間100万件を超しました。
　1970年代は神前式に代わり、キリスト教式挙式が台頭してきた時期でもあります。

　1980年代、後半のバブル期には結婚式も豪華になり、ゴンドラに乗っての入場、ドライアイスやレーザー光線などを使った大がかりな演出の「ハデ婚」になりました。

　1990年代、新郎新婦は会場も料理も演出も個性を求める「オリジナル婚」を求めるようになりました。海外ウェディングやリゾートウェディングが注目され始めたのもこの時期です。
　結婚しても結婚式はしない、もしくは「ジミ婚」も台頭してきました。

　2000年代に入り、"個性重視"から"おもてなし重視"になりました。
　ゲストに満足してもらいたいと願う新郎新婦は、宴会サービスに対しても正確で丁寧であたたかいサービスを求めるようになりました。

　この時期から仲人や媒酌人を立てる人が急激に減り、現在媒酌人のいる結婚式は１％前後です。
　本来新郎新婦のすぐ横でいろいろとお世話をしていた媒酌人夫人がいなくなったので、キャプテンや介添えのフォローが一層重要となっています。
　結納や親族紹介などでも、仲人や媒酌人の役割の代行を求められるようになりました。

　結婚式の形態が一層バラエティに富むようになり、それに伴いサービスもそれに合わせた対応を求められるようになりました。

「大人婚」は、あらゆる面で上質を追求する結婚式です。

結婚年齢の平均は年々高くなり、社会経験が豊富でこれまで友人等の結婚式に数多く列席している新郎新婦は、結婚式を自分達で主催する意識が高くなりました。

会場や食事、衣裳などにラグジュアリー感を求め、サービスに関してもお客様の要望に合わせた雰囲気を創り上げられるレベルが求めています。

「できちゃった婚」「おめでた婚」「授かり婚」などと呼ばれる、妊娠をきっかけに結婚を決めるカップルも多くいます。比較的若い年代の新郎新婦が多く、また結婚の準備期間が短いこともあり、本人たちも親御様もまだ心の整理がついてない場合があります。メンタル的な動きにも気を配ることが必要です。

また、妊婦への配慮も大切です。体調のちょっとした変化にも目を配り、こまめに水分や食べ物を口にできたり、少しでも横になれる環境を作るなど、心掛けましょう。

結婚式の日程

希望する季節、ゲストが参列しやすい曜日や時間、お日柄（六曜による吉日）などを両家で考慮しながら、日程を決定します。二人の記念日や誕生日などに設定することも増えてきました。

準備期間を考慮して、1年～6ヶ月前くらいまでに決めることが一般的です。

しかしブライダルハイシーズン（春・秋）の大安の土日・祝日を希望する場合は1年以上前から予約することもあります。

逆に「おめでた婚」などの場合は、2～3ヶ月前の予約になることもあります。

六　曜

六曜（六輝）は、暦注の一つで、現在は先勝・友引・先負・仏滅・大安・赤口の6種をいい、古代中国で発症した陰陽五行説が室町時代に渡来したと言われています。

結婚式は大安がよい、葬式は友引を避けるなど、主に冠婚葬祭などの儀式時に使われていますが、最近の新郎新婦はあまりこだわらず、他の条件が合えば構わないという傾向があります。

しかし、年配の方は大変こだわる場合があるので、結婚式の日程を決める際には、両家の了承をきちんと取ることが大切です。

また「天赦日」や「一粒万倍日」という開運日があります。六曜とともに、覚えておきましょう。

六曜表

大 安 （たいあん）	「大いに安し」の意味。六曜の中で最も吉の日とされる。 終日万事が吉なので、結婚式や結納は大安の日に適しているとされている。 しかし人気が高いため、土日祝日の大安は早い時期から予約が入ることが多い。
友 引 （ともびき）	本来は「勝負なし」と言う意味だが、「友を引く」と捉えられるようになった。 昼は凶。午前、夕方、夜は吉。 結婚式などの慶事では、大安の次ぐ吉日とされる。
先 勝 （せんしょう・さきがち・せんかち・さきかち）	「先んずれば即ち勝つ」の意味。万事に急ぐことが良いとされる。 午前が吉、午後が凶。結婚式は午前中から始めれば良しとされる。
赤 口 （しゃっこう・しゃっく・じゃっく・じゃっこう・せきぐち）	午の刻（11時～13時）以外は凶で、一般的に厄日とされる。 特に祝い事には大凶とされる。
先 負 （せんぶ・さきまけ・せんぷ・せんまけ）	「先んずれば即ち負ける」の意味。 午前は凶だが、午後は吉。 結婚式や祝い事は午後から行うのが良いとされる。 万事に平静であることが良いとされ、勝負事や急用は避けるべきとされる。
仏 滅 （ぶつめつ）	「物滅→仏滅」で、物事が滅する日の意味。 六曜の中で最も凶の日とされ、祝い事を忌む慣習がある。 この日は会場が空いていることが多く、金額を低く設定している場合もある。

結婚式会場・披露宴会場

　結婚式や披露宴を行う施設にはいくつかの種類があり、二人や両家はメリットやデメリットを考えながら選びます。

　自分が勤務する施設と他の施設を客観的に捉えることにもつながりますので、それぞれの施設の特徴を把握しておきましょう。

神社・教会・寺院

宗教色豊かで、正統性を感じる

披露宴は、他の施設に移動して行うことが多い

ホテル

館内で挙式と披露宴が出来る

館内に衣裳室や美容室、写真室、宿泊施設がある

挙式スタイルは、チャペル式・神前式などが選べる

披露宴会場はゲスト数やインテリアなどに応じて選べる

一日に何組も施行することがあり、プライベート感は少ない

会館（専門式場）

館内で挙式と披露宴が出来る

結婚式や宴会が業務の中心なので、スタッフの専門性が高い

互助会組織など、費用を軽減させる会員制度をとっているところもある

レストラン・料亭

少人数でアットホームな雰囲気を作り出せる

プライベート感があり、美味しい料理を期待できる

支度部屋や控え室などがない場合もある

ゲストハウス

館内で挙式・披露宴ができる

邸宅を貸し切ったようなプライベート感と贅沢感がある

庭園やプールサイドなどを活用して、個性的なウェディングができる

挙式のスタイル

人気の挙式スタイルは、神前式からキリスト教式に変わりましたが、最近は神前式も再び見直されてきています。また、オリジナリティを求めた人前式も増えてきました。

他にも仏前式や各国の結婚式のスタイルがありますが、ここではホテル（会館）などの施設内で行われる代表的な挙式スタイルを紹介します。

1、キリスト教式

キリスト教式とはキリスト教の儀式として執り行われる結婚式です。
宗派によって、戒律や挙式スタイルなどは違います。

キリスト教とは

イエスをキリスト（神が使わした救世主）と信じ、その教えを中心とした宗教です。
宗派としては、カトリックと、オーソドックスと、プロテスタントがあります。

＊カトリック

結婚式は神聖な宗教行事と考え、原則的に信者以外の結婚式を行いません。
信者以外の挙式には、結婚講座受講や礼拝参加などいくつかの条件が課されます。
結婚の儀式は、婚姻の祝別式と婚姻のミサ聖祭の二つで成り立っています。

＊プロテスタント

16世紀、カトリックから分離・独立した教派の総称です。
結婚式は祝福すべき社会的儀礼と考え、信者以外でも結婚式を認めているところが多くホテルなどの施設内チャペルなどでの挙式は、基本的にプロテスタント挙式です。

ちなみにチャペルは、学校や病院などプライベートな場所での祈りの場です。
チャーチは、聖職者が礼拝や地域の宗教活動をオフィシャルに行う場です。

＊カトリックとプロテスタントの違い

	カトリック	プロテスタント
司式者	司祭（神父様）	牧師（牧師先生）
祈りの場所	聖堂	礼拝堂
祈りの集会	典礼（ミサ）	礼拝
歌	聖歌	讃美歌
十字架	キリスト像がついたもの	基本的に十字架のみ
バージンロードの色	赤または緑が多い	白が多い
結婚講座・洗礼	必須	協会による
再婚者の結婚	死別以外不可	理由により可
離婚	認められない	理由により可

キリスト教（プロテスタント）挙式の流れ（一例）

奏楽 　　　　　　　　　　　音楽で参列者をお迎えする

| 牧師・新郎入場 |
| 新婦・エスコート役入場 |

↓

祭壇前で、新婦を新郎に引き継ぐ

↓

| 祈祷 | 　　開式の祈り

↓

| 讃美歌斉唱 | 　　312番「慈しみ深き」など

↓

| 聖書朗読 | 　　聖書の中の愛についての教え
　　　　　　　　　　　　新約コリントの信者への手紙第1・13章など

↓

| 式辞 | 　　牧師が愛や結婚について、説き明かす

↓

| 誓約 | 　　神の前で障害変わらぬ愛を約束し、結婚を誓う
　　　　　　　　　　　　司式者の問いかけに「はい、誓います」と答えるスタイルと
　　　　　　　　　　　　司式者の言葉を復唱するスタイルがある

↓

| 指輪の交換 | 　　二人の誓いのしるしとして、交換する
| ベールアップ | 　　二人の間の壁を取り払う
| ウェディングキス |

↓

| 祈祷 | 　　司式者が指輪をはめた二人の手を重ね、「二人をお守りください」
　　　　　　　　　　　　と祈る

↓

| 結婚証明書署名 | 　　新郎⇒新婦の順。ともに、旧姓で署名する

↓

| 結婚宣言 | 　　二人の結婚を神も参列者も認めたことを、司式者が公に宣言する

↓

| 讃美歌斉唱 | 　　よく歌われるのは428番、429番、430番（いずれも「結婚式」）

↓

| 祝祷 | 　　新郎新婦と参列者のための、結びの祈り

↓

| 新郎新婦退場 | 　　新しい出発の第一歩
　　　　　　　　　　　　別々に入場した二人が一緒に同じ道を退場することで未来を表す

後奏 　　　　　　　　　　　音楽で、参列者を送りだす

ウェディング・パーティー

　ここでいうウェディング・パーティーとは披露宴のことではなく、結婚式を盛り挙げてくれる仲間たちのことです。最近は、日本の結婚式でも取り入れられるようになりましたので、覚えておきましょう。

●パーティーの役割

ベストマン	新郎の介添え人（一人）。新郎の横で、新郎に指輪を渡す係で、新郎の兄弟や親友などが務める。
アッシャー	ベストマンを補佐する、新郎の兄弟や友人などが務める。
メイドオブオーナー	新婦の介添え人（一人）。新婦の横で、ブーケや手袋を預かる。新婦の姉妹や親友が務め、既婚者の場合はマトロンオブオーナーと呼ばれる。
ブライズメイド	メイドオブオーナーの補佐をする、新婦の未婚の姉妹や友人などが務める。
リングボーイ	結婚指輪をのせたリングピローを運ぶ
フラワーガール	新婦の前を、花を撒きながら歩く
トレーンベアラー	新婦の後ろを、ベールを持ちながら歩く

ライスシャワー・フラワーシャワー

　挙式後にライスシャワーやフラワーシャワーが行われることが増えています。

　ふたりに実りや祝福が天から降り注ぐことを願ったものです。

　サービススタッフは、ゲストを新郎新婦の通路両脇にご案内して、ライスやフラワーを手渡します。

エスコート役

　エスコートは父親が一般的ですが、なんらかの理由で父親がエスコート出来ない場合は、兄弟やおじ、母親などがその役を務めることもあります。また、新郎新婦が一緒に入場する方法もあります。いずれにしても、必ず事前に司式者に相談することが求められます。

２、神前式

神道の儀式として、神社や、ホテルなど施設内の神殿で執り行われる結婚式です。

衣裳

基本的に、和装で行います。新郎は、五つ紋の羽織袴。

新婦は、白無垢、色打掛、引き振袖など。綿帽子や角隠しをかぶります。

尚、綿帽子や角隠しは挙式のみの着用で、披露宴では外します。

式次第

1	参入・参進・参殿	手水（ちょうず）の水で手を清め、入場して着席 入場順は地域によって異なる （一例）新郎→媒酌人→新婦→媒酌人夫人→新郎親御様→新婦親御様 →新郎の家族親族→新婦の家族親族
↓		
2	修 祓（しゅうばつ）	参列者は起立し頭を下げる 婚儀の前に神職が祓詞（はらえことば）を奉上し、大幣（おおぬさ）を左→右→左に振り、参列者全員をお祓いする
↓		
3	斎主一拝（さいしゅいっぱい）	斎主に合わせて参列者全員が起立し神前に一回拝礼をする
↓		
4	献饌（けんせん）	神職が神饌（しんせん）と呼ばれるお供え物の酒や食物を神前に供える あらかじめ神饌をお供えしておき、御神酒（おみき）の入った瓶子（へいし）のフタを取ることで献饌にかえる場合もある
↓		
5	祝詞奏上（のりとそうじょう）	斎主が祝詞（神々に祈る言葉）を奉上し、ふたりの結婚を神前に報告すると共に、末永い幸福を祈る 参列者は全員起立して頭を下げ、斎主と共に祈りを捧げる
↓		
6	三献の儀（さんこんのぎ）	神前に御供えした御神酒で、三々九度の盃を酌み交わす
↓		
7	指輪交換の儀	新郎新婦が指輪の交換を行う
↓		
8	誓詞奏上（せいしそうじょう）	新郎新婦が神前に進み、誓詞（誓いの言葉）を読み上げる
↓		
9	新郎新婦玉串拝礼（たまぐしはいれい）	新郎新婦が神前に進み、玉串を奉り、二拝二拍手一拝をして下がる
↓		
10	両家（媒酌人）玉串拝礼	媒酌人→両家代表が、玉串を奉り、二拝二拍手一拝をして下げる
↓		
11	親族盃の儀	巫女が参列者一同に御神酒を注いだら、一同起立し、三度に分けて飲み干す
↓		
12	斎主一拝	参列者が全員起立し、斎主に合わせて拝礼
↓		
13	斎主挨拶	斎主から新郎新婦へのお祝いの言葉を述べる
↓		
14	退場	斎主が退場した後、参列者は入場と同じ順番で退場する

大幣：榊の枝に麻ひもや紙垂をつけたもの　斎主：婚儀を中心となって司る神職のこと　玉串：榊の枝に紙垂をつけたもの

玉串拝礼

　玉串拝礼とは、玉串を神前にお供えする儀式です。
　玉串の上に人の願いを載せ、神々に伝えます。

　以下は、玉串拝礼の手順です。
1) 神職から受け取った玉串を、枝の表を上にして、右手は枝の付け根、左手は葉の部分に軽く手を添えて持ちます。左手はやや高く胸の前にささげ、両肘を張ります。
2) そのまま玉串案の前に進み、神前に向かって頭を下げます。
3) 左手を離し、右手と一緒に枝の部分を持ち、願い事を祈願します。
4) 右手で葉の部分を持ち、時計回りに半回転させ、枝のほうを神前に向けて、玉串案の上にお供えします。
5) お供えしたら、二拝二拍手一拝をして、神前に向いたまま数歩下がり、頭を下げます。

■玉串のささげ方

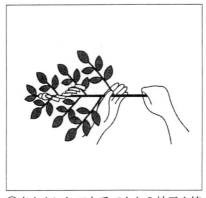

①表を上にして右手で上から枝元を持ち、左手の手のひらの上で葉を支える。

②右手を手前に引き、玉串が縦になるようにする。(葉先が前方に向く)

③左手を枝元に持ち替え、右手を葉のほうに移動させる。

④枝元が神前に向くように時計回りに180度回転させ、玉串案の上に供える。

神社・神殿以外の神前挙式

　神殿のないレストランやウエディングスペースのような場所でも、神職の理解があれば、神前結婚式を行なうことが可能です。まずは、挙式前に神々が宿る神篭（ひもろぎ）を設置し、神饌（お酒や食物）をお供えし、神々を神篭にお招きする儀式を行ないます。その後は、一般的な神前結婚式の式次第と同じように進行されます。

3、人前式

　宗教の儀式ではなく、参列者を証人として執り行われる結婚式です。
　宗教色や形式的なことを避けたい、個性的な式を挙げたいなどの希望を持つ新郎新婦に人気の挙式スタイルです。

　場所も式次第も自由で、進行は司式者、司会、友人などが行います。
　施設のロビーや宴会場、屋上やガーデンなどで行われる場合は、祭壇や椅子などを予めセッティングします。披露宴会場内で、披露宴に先立って行う場合もあります。
　宴会サービススタッフの関わりが最も多い挙式スタイルです。

式次第（例）

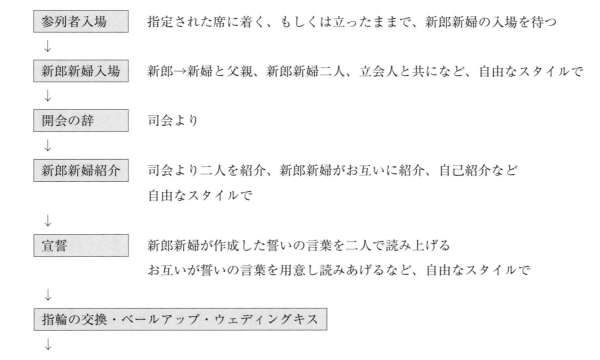

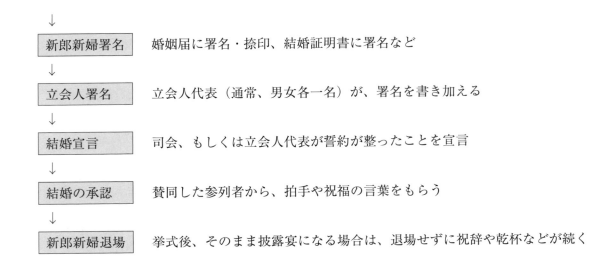

関連商品

　ブライダルには、関連する商品がたくさんあります。
　パートナー企業は会場やスタッフのことをよく理解しているので、お客様へのアドバイスも的確です。
　パートナー企業以外の商品をお客様が希望する場合、業種によっては持込み料が発生します。金額は施設によってまちまちです。お客様側からすれば好ましくありませんが、商品管理や進行時間などを確実にするために、パートナー企業との業務を推進したいという施設側の意向も無視できません。
　提携していてもそうでなくても、当日はすべての商品の管理や取り扱いの責任者はキャプテンです。商品は多岐にわたりますが、それを扱う各企業のスタッフはその道のプロという敬意を持ち相談や確認をしながら仕事をしましょう。

衣装
　衣装は、お客様が購入する「セル」と、貸衣装の「レンタル」に大別
　　（親御様や親族、子供、ゲストのためのレンタルもある）

美容
　ヘア・メイク・着付け

フローリスト
　花嫁のブーケ、花婿のブートニア、チャペルや披露宴会場の装花、キャンドルなど

写真

スナップアルバム（当日のメイクシーンからお開きまでをドキュメンタリータッチで撮影）

フォトアルバム（新郎新婦二人や集合写真をスタジオなどで撮影）

ビデオ

生い立ちビデオ（新郎新婦の写真や動画を基に作成する、自己紹介DVD）

エンディングロール（披露宴終宴前に流す、お礼メッセージ）

結婚式の様子を録画

音響

シーンを盛り上げる音楽を選曲し、タイミングに合わせて流す

照明

ＤＶＤ操作

タイミングに合わせた効果的な照明

ペーパーアイテム

招待状、席札、席次表など

クロス・ナフキン

テーブルクロスやランナー、椅子カバー、ナフキン

司会

司会進行

演出

挙式や披露宴を盛り上げるための仕掛け

メインテーブルやゲストテーブルでの演出

ギフト

引き出物、引き菓子、送賓のプチギフト

ジュエリー

婚約指輪、結婚指輪

披露宴の司会

　ブライダルを成功させる大きなポイントが司会者です。司会者の善し悪しは、ブライダルの雰囲気を左右するばかりでなく、進行そのものをとどこおらせる原因になりかねません。このためブライダルの司会者は、新郎新婦の関係者が引き受ける場合もありますが、プロの司会者をサービス側に依頼されるケースがもっとも多いのが現状です。

　ここでは、司会進行上の留意点と、ブライダルにおける基本的な司会進行について紹介します。

司会進行上の留意点

　司会者は、婚礼当日までに新郎新婦と打ち合わせをし、必要な情報を事前に入手しなければなりません。打ち合わせはあまり早くても印象が薄れてしまうこともあり、プロの司会者の場合は通常、1～2週間前に行われることが多いようです。

事前準備

　　□式次第と時間配分の確認

　　□名前の読み方の確認

　　□新郎新婦のプロフィール確認

　　□席次表の確認（特にスピーチや余興などを行うお客様の座席位置の確認）

　　□余興の内容の確認

　　□進行スケジュールの作成など

当日の準備・確認事項

　　□祝電の確認（どの祝電をどの順で読むのか新郎新婦が選択）

　　□スピーチなどを依頼している出席者に変更はないか

　　□乾杯の音頭をとる人はスピーチがあるのか、ないのか

　　□マイクなどの音響関係のチェック及びリハーサル

　　□余興や演出関係の確認

　　□サービスの責任者の確認

　　　（会場側サービスとのタイミングの調整、合図の確認）

演　出

披露宴では様々な演出が行われていますが、その代表的な演出方法を下記に列記します。

氷細工

ブッフェスタイルの披露宴のときなどに、料理が置かれた中央のテーブルに氷細工を飾る夏季に涼感を演出するためによく用いられる

オリジナル席札

通常の席札に替えて、新郎新婦がパソコンでデザインした物やメッセージ付の物、招待客の名前を入れた日本酒やワインのラベルでも、同様の演出ができる
そのまま引出物の一部として持ち帰ってもらう

オリジナルパンフレット

新郎新婦の生い立ちや出会いなどを写真と文章で紹介したパンフレットを配布する
「ブライダルプロフィール」などという場合もある

ドライアイス

ウェディングケーキ入刀の時などに使われる演出
ケーキにナイフが入った瞬間、白い煙に新郎新婦が包まれて、幻想的な雰囲気を演出する

ムービングライト

高砂の席の後ろの幕に、レーザー光線を照らして、新郎新婦の名前などの文字や様々な絵を表現する演出方法
ドライアイスと組み合わせて、幻想的なライティング効果を狙った演出も行われている

スライド上映、ビデオアルバム

新郎新婦の生い立ちから現在に至るまでの写真をもとにスライドを制作しナレーションを付けて上映する演出
最近では当日の式の模様をビデオにとって放映する場合もある
お色直しなどで新郎新婦が席を外している間によく行われる

生演奏

エレクトーンやピアノの生演奏は比較的ポピュラーな演出だが、シンセサイザーやバンド、ゴスペル、ベル、フルート、サキソフォン、弦楽四重奏、ハープ、琴など様々な楽器による生演奏が行われるケースもある

キャンドルサービス（candle service）

新郎新婦がトーチを持ち、列席者のテーブルを順番にまわり、お礼を述べながらキャンドルに火を灯してまわる

ドラジェサービス（dragée service）

キャンドルサービスに替えて、ドラジェと呼ばれる色とりどりの砂糖菓子を新郎新婦が各テーブルをまわりながら招待客に配る

披露宴終了後、見送りに際して手渡す場合もある

シャンパンタワー（champagne tower）

グラスをタワーのように重ねて、一番上のグラスに何本ものシャンパンを注ぐと、シャンパンがグラスを伝ってカーテン状に流れ落ち、豪華で華やかな雰囲気を演出

同様にキャンドルをピラミッドのように重ねた演出や発光液を使った幻想的な演出もある

鏡開き

樽酒のふたを新郎新婦が木づちで開く。鏡開きしたお酒は招待客にふるまわれる

最近ではあらかじめマスに来賓の名前が印字された物が席札代わりにおいてあり、そこに樽酒をふるまう演出もある

ウェディングケーキ入刀に替えて行われる場合もある

餅つき

新郎新婦が呼吸を合わせて餅をつき、小さく丸めて披露宴の最後に招待客に配る

フラッシュモブ

新郎新婦の友人が事前に打ち合わせを行い、披露宴当日にサプライズでパフォーマンスを行う演出。

プロジェクションマッピング

映像を使った演出で、新郎新婦が入場する前に会場の雰囲気を盛り上げる華やかでダイナミックな演出。壁一面に映し出せる映像は、出席者にとてもインパクトを与える。

その他

獅子舞、神楽、風船、シャボン玉、室内用花火、両家お水合わせの儀など

第 5 章
葬祭(メモリアル)サービス

メモリアル・バンケットとは

　2007年以降、世界でも未曾有の『超高齢社会』になりました。各種のビジネスはその社会環境に応じた
マーケティングをもとに、これまでにないビジネスやそのマネジメントを行っていく必要があります。
　ここでは冠婚葬祭の飲食において、その中でもとりわけ時代に即応した葬祭における宴会を「メモリアル・
バンケット」と名付け、そのプロデュースや現場対応が可能な人材を育成していくことを目的とします。

メモリアル・バンケットに必要な言葉の定義

　葬祭にはいろいろな言葉使いがなされ、それがまた地域風土による慣用的な言い方もあります。そのた
めに一定の言葉の定義を共有しておかなければなりません。この教科書もこの定義にもとづいて構成され
ています。これらは専門の葬儀社でさえ、曖昧にしたままですので、ここで必要な文言を整理しておきます。

葬祭………葬式と先祖祭祀

　　　　　死者供養であるお葬式と、その後のお墓参りなど、先祖供養を合わせた一言。

　　　　　最近ではこれを総称して「エンディング」という場合もありますが、ここではこの言葉使い
　　　　　を多用します。葬祭には、その時々に多くの会食場面が伴うので、それを念頭に覚えること
　　　　　が大切です。

葬式………葬儀と告別式の省略語。丁寧に「お葬式」といいます。フューネラル（funeral）という英
　　　　　語もありますが、一般には馴染んでいません。

　　　　　葬式には、二つの事項が重なっていることを理解して下さい。その二つとは、

葬儀………葬送儀礼の省略語と考えます。

　　　　　葬送とは、字のごとく葬り送るということで、主に遺体の取り扱いについて、その対応を表
　　　　　した言葉です。具体的に納棺や火葬などがあります。

　　　　　儀礼はその際に行われる習俗的な儀式や宗教的な儀式を表します。

　　　　　日本では主に仏教がこれに対応しますが、それらの作法や目的は宗旨・宗派によって異なり
　　　　　ます。多くは鎮魂など、御霊に対しての行いごとです。

　　　　　葬儀は「儀式」であり『リチュアル』（ritual）としてみなければなりません。

告別式……告別のための『式典』で、社会的対応（世間）の行事全般を指して言います。

　　　　　式典には『セレモニー』（ceremony）という言葉が適切で、『リチュアル』とは明確に異な
　　　　　る行いごとです。この区別がつくことで、葬祭バンケットの重要性を理解することができま
　　　　　す。

お葬式においては、その中の告別式の役割は３つあります。

①故人生前時の社会的・対人的関係を確認すること（世間対応）

②遺族（遺された家族など）の故人生前時、また逝去後の社会的・対人的関係の確認や更新、あるいは感謝を示すこと（決意と御礼）

③社会から故人・遺族に対する追悼・感謝の念を伝えること（社会的感謝）

このように告別式は、社会的関係性の中で行われるため、本来は宗教とか習俗慣例、また遺体や遺骨、位牌など霊的なものとはまったく関係がありません。そこを取り違えないようにしてください。

以上、この４つの言葉の定義は最少限必要ですので、しっかりと把握して下さい。

それが葬祭バンケットの施行目的を明確にする基盤になるからです。

お葬式の「場」の変遷

これまで、お葬式は主に自宅や寺院でなされてきましたが、1970年代くらいから専用の「斎場」でなされるようになってきました。結婚式などでは「式場」と言いますが、葬祭用語としては、「斎場」と呼びます。この斎場の中に複数の葬式を行う場所がある場合、それを個別に「式場」と呼ぶこともあります。また火葬場のことを「斎場」ということもあるので、注意が必要です。

ここでは「斎場ホール」という言い方で統一します。

お葬式の施行においては、大きな「場」の転換になりました。

自宅から斎場ホールに移ったことでどのようなメリットやデメリットがあるのでしょう。少し比較検証してみましょう。

	自宅でのお葬式	斎場ホールでのお葬式
祭壇	人力による搬入・施工・撤去	設置したままで付帯的なアレンジが可能
内装	幕張りや床の敷設など	備え付けのカーテンやそのままの壁面
外装	受付やクロークなどの天幕設置	ホール内設備で対応　外装は看板くらい
季節対応	暖房、扇風機などの設置	設備内装備
駐車場	公道など一時利用	専用駐車場
環境	地域重視　共同体主導	葬儀社主導
接遇	地域の人々のお手伝い	専任スタッフ・セレモニーレディ

費用についてはどうか？考えてみてください。

これを見ても、圧倒的に斎場ホールでの葬式施行の方が有利です。

第一に人的労働の省力化は言うまでもありません。このため葬儀社の多くが斎場ホールの建設をはじめ、今では、ほとんどが自宅ではお葬式をしないようになりました。当初はお寺の本堂なども利用しましたが、寺院も境内に斎場ホールを建て、檀家のみならずそれ以外の人にも貸し出すなど、いまではこのホール葬が一般的になりました。

火葬場も場内に複数の斎場ホール（式場）を併設して、都市部ではその利用のために、何日も待たされた後、やっとお葬式が出来るという現象もあります。

斎場ホールにお葬式が移行したのは、ほんとうに大きな変わり目で、寒暖や天候などによる季節環境にも左右されないで快適に対応できることから、葬儀社は祭壇料の他、斎場ホール使用料も付加して、大いに売上げを向上させていきました。

しかしながら、その斎場ホールで欠落していたものがあります。それがサービスの概念です。

地域的、土着環境の中で人々が往来するときには、さほど気にならなかった接遇や接待に関して、画一的な施設が提供され、その場が何度も繰り返し利用されるようになると、そこに毎回足を運ぶ会葬者は、誰もがその施設内での人的サービスの欠如や、またはそのレベルが低いことに気が付き始めました。

確かに斎場ホールの設置当時は、ほんとうに上物を提供するだけの「箱」でした。これは今でも続いている貸し斎場ホールなど、そこに専任の人材がいない場合も多く、今でも接遇のための配ぜん人やいわゆる「セレモニーレディ」と呼ばれる派遣人材が活用されているのが現状です。けれども、それらの人材は特段、葬祭について勉強した人は少なく、単なるご案内や飲食提供に伴う配膳補助的な要員でしかありません。

「ホテルや会館のサービス」を究極なものとして、そのための研修も行われましたが、根本的な葬祭に対する理解がないまま、服装や所作だけが先行した形で、今に至ってもそのサービスレベルはとても低いものになっています。

葬祭における「食」の捉え方

葬祭全体から見れば、「食」に関するカテゴリーは二つに分けられます。

一つは死者、先祖、神仏等に対しする「供物」としての食。これらは習俗慣例や宗教的にいろいろな決まりがあります。これは式次第の中などで後述します。知識としてはそこで把握して下さい。

またもう一つは、そこに集まる人々に対する「饗応の食」となります。葬祭バンケットはこの観点から、考えねばなりません。それに葬祭サービスの視点を重ね合わせると、通常の「接待」や「慰労」の宴とは異なる意識を持たなければなりません。

そこで葬式において、二つの観点を整理してみましょう。

葬儀の中の食………死者との共食＝供物・供犠・神饌

　　　　　　　　　霊的対応＝霊魂が喜ぶもの、霊魂が嫌うもの

　　　　　　　　　布施行為＝不特定な施し、喜捨

告別式の中の食……会葬者との共食

　　　　　　　　　饗応の食＝追悼・感謝・慰労（接待と御礼が伴う）

≪共食概念とは≫

　これからのキーワードとして、「共食」（共同飲食）という概念が頻繁に出てきますが、これは儀式の要素として最も飲食に関係した意識です。同じ場所（空間）で同時刻に（時間）供物として神仏、あるいは死者魂に捧げられたものと同じ食物をみんなで一緒に食すこと。これだけでも意識することで、あらゆる飲食場面の価値観が大きく変わります。

　とくに葬祭においての飲食は、供応接待のみならずベースにこの共食概念があることを理解して下さい。

　　〜　「通夜振る舞い」の意味と意義　〜

　通夜の捉え方にはいろいろな説があります。死の確認のための見守りと、蘇えりを促すための「魂呼び」（魂呼い）。また、葬儀を夜間に行っていた名残ではないかという説もあります。この中の再生儀礼として、日本神話における天岩戸伝説では、お隠れ（死）になった天照大神を呼び戻すために（生き返らせる）、その閉ざされた岩戸を開けてもらおうと、岩戸の周りで行われた乱舞飲食や、饗応の賑やかさが描かれています。「振る舞い」とは、まさにごちそうを山盛りにして、大勢の人とともに食し、そして「舞う」ことを意味しています。

伝統的葬儀

仏式葬の式次第と飲食

　伝統的な葬儀は、宗教の葬儀式次第にもとづいておこなわれます。なかでも仏式葬は、日本ではもっとも一般的な葬儀で、全体の９割近くが、何らかの仏教的な作法に順じて行われています。ただし、大都市部ではこの割合が少なくなります。そこではキリスト教式や特に無宗教式の葬儀が増えつつあります。しかし葬祭という包括的な観点から、年中行事や季節行事の習俗と仏教が、深く生活の中にかかわっていることから、葬祭バンケットにおいてもこの観点は見過ごせません。

　以下に、もっとも代表的な仏式葬の式次第を具体的に提示しました。この例だけではなく、火葬することを通夜の翌日、葬儀式に先駆けて行う前火葬地域もあります。その場合は順番が前後することもありますので、地元の地域慣例を知っておくことも大切な知識です。

　この式次第を把握することで、その終了後になされる飲食こそ、通夜振る舞いと同様に、まさに葬祭バンケットの主体的な課題になりますので、その宴席に至るまでのプロセスを是非理解して下さい。

　これらは、次項の宗教的次第の後にも、十分通用しますので、そのいきさつを知っておくことが肝心です。

仏式葬の式次第概要

宗旨・宗派により異なるので注意して下さい。また項目名称も各宗によって異なります。

以下◎印は「食」とのかかわり

　　逝　去　　　主に病院で逝去し、寝台自動車により安置場所へ移送されます。
　　　　　　　　安置場所は自宅、斎場ホール、その他（火葬場併設の安置所など）

　　枕　経　　　菩提寺等に死去の一報があると、住職が駆けつけ枕元で読経。
　　　　　　　　最近は省略されることが多い。葬儀社等の打ち合わせをします。

　　◎枕机に枕御飯（一膳飯）や米粉の団子などを供えます。お水やお茶を供えします。
　　　これらも宗派によって、禁忌、作法がありますので注意が必要。

≪通夜勤行≫

　翌日または数日後葬式の日時、施行が決まると訃報連絡をします。最近は近親者のみで、内々で済ませる傾向がありますが、後日いろいろな問題も出てきています。

　　◎通常は「弔問者」（式への会葬者と区別して使用しています。）を「通夜振る舞い」の席に案内します。その会場席を「お浄め」（お清め）の席ということが一般的ですが、浄土真宗では「淨め」という言葉を使用しませんので、単に「お席」という方が無難です。
　　夜を徹してということはありませんが、現代では弔問者に対する接待的な会席と捉えられています。終了にあたって、弔問御礼の挨拶が喪主からなされることもあります。また翌日の式の案内などもなされます。通常、席次はあまり気にされません。会場ではなるべく詰めて着席されるようご案内します。

≪葬儀勤行≫

　　◎親族近親者の朝食や昼食などが準備されます。

　通夜翌日、行われる葬儀の中心的儀式。僧侶は「導師」として司祭します。
　随僧として複数の僧侶が臨席することもあります。

式進行概要

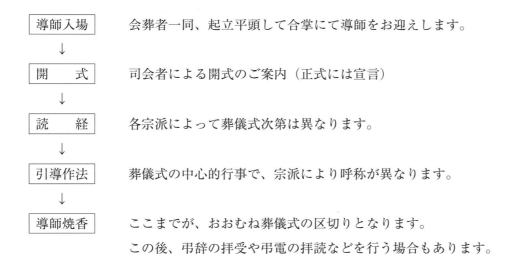

≪一般告別式≫

　ここから一般会葬者のお焼香になりますが、この進行も様々です。

読　経	一般的に回向（えこう）と言われるもの。
↓	
一般会葬者焼香	着席順など、係員の案内によって進み出ます。
↓	
導師退場	会葬者一同、起立平頭して合掌にて導師を見送ります。
↓	
閉　式	司会者による閉式のご案内で、葬式が終わります。
↓	
お別れ	棺のふたを開けてお花を入れて、お別れをします。
↓	
喪主挨拶	出棺に先立ち、喪主や親族代表が会葬お礼の挨拶をします。
↓	
出　棺	棺を霊柩車にのせて、火葬場へ向かいます。
↓	
荼　毘	僧侶同行の場合は炉前で読経があります。◎火葬中、時間短縮のため繰り上げてここで会席をするケースもあります。
↓	
拾　骨	いわゆる「お骨あげ」。竹と木の長ばしで一つの骨をはさみ合いするなど、根強く地域慣例が残存しています。拾骨容器も様々です。
↓	
還　骨	斎場ホールなどの宴席会場などに遺骨・遺影・位牌を安置します。通常は真ん中に位牌を配します。
↓	
繰り上げ法要	初七日法要を式中や式後に繰り上げてなされることが一般的です。

　以上、代表的な仏式葬の式次第を具体的に提示しました。前述のように火葬を通夜の翌日、葬儀式に先駆けて行う前火葬地域もあり、次第の順番が前後します。地域慣例を把握しておくことが大切です。

　◎この後の「精進落とし」や「お斎」が最大の宴席となります。

～ 葬儀と告別式 ～

　葬儀と告別式は同時進行されていることも多く、葬儀式の最中でも一般会葬者をお焼香させるような禁則的な式次第を、平然と行っている葬儀社もあります。このため遺族は葬儀にも告別式にも集中できなくなり、そのために形骸化した慣例が浸透し、著しくお葬式の価値を貶めました。

～ 火葬中 ～

この火葬中に、繰り上げて会食するものは「精進落とし」や「お斎」などの慣習なのか、また昼食代わりの飲食接待なのか、その目的は不明です。これらの形骸化した地域慣例も意味なく踏襲している地域もあります。限られた時間の中でのあわただしい飲食提供でその価値が問われます。これも見直すべき惰性的慣例の一つです。

神葬祭の式次第と飲食

神社系、教派系またはそれぞれ神職により進行が異なります。また斎場ホールでの設営限界もありますので、必ずしも本義的にはいきませんが、一応目を通しておく必要があります。

神葬祭は古来からの伝統神道をベースにしていますが、近代では仏教葬儀にならって「神葬祭」が再構築されました。飲食の場面、場面は地域慣例に沿って行われます。十分拡充、新しい視点でのバンケット構築が可能です。

それにはすでに確立普及された神式ブライダルを十分に参考にするとよいでしょう。

以下は、仏式葬の通夜とお葬式にあたる神葬祭の概要です。

≪通夜祭並びに遷霊祭(せんれいさい)（葬場祭前日）≫

修祓	神職により斎場や自宅、また遺族や参列者の祓い浄めをします。
↓	
一拝	神職に合わせて全員深く一礼をします。
↓	
遷霊の儀	消灯し故人の霊を霊璽(れいじ)に遷します。
↓	
献饌(けんせん)の儀	霊前に供え物（神饌）と灯明を捧げます。

◎神饌については、いろいろな約束事があるので神職の指示に従って下さい。

　主に五穀・お神酒・塩・洗米・餅・海産物（乾物や生魚）・野菜・果物・嗜好品など。麻ひもで束ねるなど盛り付け方、捧げ方の作法もいろいろあります。

↓

祭詞奏上	祝詞(のりと)を読み上げます。
玉串奉奠(たまぐしほうてん)	紙垂の結ばれたお榊の枝を捧げます。枝先を手前にします。 拝礼は二礼二拍手（音を立てない忍び手）で一礼をします。

↓

| 撤饌の儀 | お供えと灯明を下げます。 |

↓

| 一　　拝 | 神職に合わせて全員一礼します。 |

◎この後、通夜振る舞いの宴席がもたれます。とくに禁忌はありませんが、『献杯』の発声とともに開催します。その際は、お神酒（日本酒）で献杯します。

≪葬場祭（葬儀・告別式）≫

| 修　　祓 | |

↓

| 一　　拝 | |

↓

| 献饌の儀 | あらかじめ供えてあった瓶子のふたを開けることで対応します。 |

↓

| 祭詞奏上 | 誄辞（しのびごと）を述べます。
神職から追悼と故人の業績や経歴が読み上げられます。 |

↓

| 奏　　楽 | 霊をなぐさめる雅楽の献奏や誄歌演奏が行われます。 |

↓

| 弔辞・弔電 | 現代的な進行で、慣例化しています。 |

↓

| 玉串奉奠 | 喪主から遺族、近親者が順次行います。また着席者も席順で行い、また元の席へ戻ります。
引き続いて一般会葬者も捧げます。拝礼は「二礼二拍手一礼」ですが、柏手（拍手）の音は立てません。静かに手を合わせます。
仏式葬でのお焼香にあたります。 |

↓

| 撤饌の儀 | 神饌の中の瓶子のふたを閉めることで対応します。 |

↓

| 一　　拝 | これで葬場祭が終了。あとは一般慣例にのっとって進行します。 |

↓

| お別れの儀 | 柩に花を入れますが、最終的には玉串（榊）を入れます。 |

↓

| 喪主挨拶 | 会葬の御礼を伝えます。 |

↓

出　棺	柩を霊柩車にのせます。
↓	
茶毘・拾骨	同行者など、炉前での玉串奉奠もあります。
↓	
還骨安置	納骨まで自宅安置されます。
↓	
帰　家　祭	安置場所で神職による修祓がなされます。

◎この後「直会(なおらい)」がなされます。これが主な宴席となります。その後10日ごとに祭祀が行われ50日祭で忌明けで翌日「清払いの儀」がなされます。ここにも飲食が伴います。

キリスト教葬の式次第と飲食

基本的にはその場での飲食は伴いません。またお淨めや精進落としなどもありません。

しかしながら、追悼の観点から、今後ホテルや会館での「告別式」的な需要は拡大します。式典（セレモニー）の中に、キリスト教的なものをアレンジするためにも、式次第を把握して下さい。

一般的に、カトリックは厳格に、プロテスタントは比較的柔軟です。基本的には臨終を大切にしますので、カトリックでは神父、プロテスタントでは牧師の立ち合いを原則としています。また、日本の場合、通夜やお葬式では、地域慣習に合わせることもありますが、基本的には故人の帰属教会でなされることが多く、後日、記念祭などが追悼の宴席としてなされることもあります。

ここでは式次第の概要を俯瞰して把握しておくとよいでしょう。

カトリックの葬儀（昇天）ミサ進行

≪前夜式（通夜）≫

納　棺　式	神父の立会いの下、自宅などでなされます。
↓	
通　夜　祭	聖歌斉唱や聖書朗読、司祭の説教が行われます。 この後、撒水や散香または献花を行います。

◎仏式のような「通夜振る舞い」はありませんがミサ終了後、場合によっては、別室で軽食や茶菓の提供があります。

≪昇天式（葬儀・告別式）≫

| 司祭入堂 | 聖歌斉唱と柩の上に花の十字架や6本の燭台などが飾られます。 |

↓

| ミサ聖祭式 | 信者のみに行われますが、最も大切な儀式です。 |

↓

| 赦祈式 | 故人生前の罪への許しを神に請い、昇天するための儀式です。 |

↓

| 祈祷・聖歌斉唱 | 厳密には、ここまでで終わります。以下は日本的な進行です。 |

↓

| 告別式 | 故人の略歴紹介や弔電・弔辞の奉読や遺族代表の挨拶があります。その後、聖歌演奏の中、会葬者が献花します。 |

↓

| 出棺 | 火葬場で荼毘に伏されますが、習俗的なお骨あげ作法などはしません。 |

| 追悼ミサ | 遺骨安置した後、3日後や7日目、30日目にミサを行います。また毎年の命日に「追悼ミサ」を行い、神父、遺族、近親者などが教会や自宅に集まり、聖書朗読や聖歌斉唱の後、記念の「お茶会」を開くこともあります。追悼の際に、宴席の要請がなされるケースがあります。「昇天記念祭」や「追悼感謝祭」などの宴席を開催することもあります。 |

～ キリスト教の香典返し ～

　俗にいう「香典返し」は、30日目の追悼ミサの後に行うのが通例ですので、その後の「偲ぶ会」などは有力な宴席拡充に関係します。キリスト教葬の概要を把握して、意味深い飲食提供が望まれます。

プロテスタントの葬儀（召天）進行

プロテスタントの宗派は多数あるので、故人が属していた教会よって進行も異なります。

聖餐式	臨終時に牧師に来てもらい、最後の晩餐にちなみ、パンと葡萄酒を信者を与える所作をもって安息を祈ります。
↓	
納棺式	牧師を招いて納棺します。柩は黒い覆いをかけます。賛美歌の合唱などがあります。
↓	
前夜式	通夜に順じたものです。自宅や斎場ホールで行われます。 讃美歌や聖書朗読、牧師の説教などがありその後、参列者は順番に献花します。最後に喪主が挨拶をして終了します。

◎カトリックの場合と同様で、日本的な「通夜振る舞い」は行いませんが、弔問者や遺族が軽食や茶菓のもてなしをすることもあります。斎場ホールなどでは一般の仏式葬のように、地域慣例に基づいて飲食提供することもあります。

≪召天式（葬儀・告別式）≫

入　堂	オルガンの賛美歌演奏の中を、牧師が先導して喪主・遺族が入堂します。
↓	
開　式	開式を牧師が宣言します。
↓	
聖書朗読・祈祷・賛美歌	
↓	
言葉の典礼	故人の略歴を朗読の後、追悼の説教や祈りの後、賛美歌を合唱します。
↓	
弔辞・弔電披露	（日本的アレンジの式進行）
↓	
閉式の祈祷	黙とうとオルガン演奏があります。
↓	
喪主挨拶	
↓	
献　花	オルガン演奏の中、牧師から順に喪主、遺族、参列者が献花をします。
↓	
閉　式	牧師によって閉式が告げられ終了します。
↓	

↓

出棺・茶毘	本来、キリスト教は土葬ですが、日本では火葬にします。
	火葬炉前で賛美歌を歌い、祈りを捧げることもあります。

↓

還骨・安置	遺骨は自宅に持ち帰って安置し、後日埋葬します。

↓

召天記念式	プロテスタントでは召天記念日から7日〜10日目、あるいは30日目に召天記念式を行
	います。教会や自宅に、牧師や親族、友人など親しかった人たちが集まり、祈祷や聖
	書朗読、賛美歌合唱などで故人を偲びます。

~ 召天記念日 ~

　亡くなった日を召天記念日と言います。召天記念式を召天感謝祭や偲ぶ会として、いろいろな宴席プランが出来ると思います。感謝や追悼は、宗旨宗派を超えた、宴席イメージです。最初は茶話会などから、葬祭バンケット普及を図ることも大切です。故人との旧交を偲び、遺されたもの同士がつながっていく場にしたいものです。

葬祭サービスとは

　現場で大切なことは、対人的な接遇はもちろんですが、その先にあるものは「霊性」に向けた「奉仕」という意識を持たなければならないということです。

　これはホテルや会館における最上のサービスというカテゴリーからは、異質のものかもしれません。けれどもサービス提供の形はまったく同じ「動作」の中でなされていきます。いわば内面的な意識のサービス理念といえます。本書ではこれを「葬祭サービス」とします。

　つまり、ホテルや会館のサービスレベルにおいて、それぞれが葬祭サービスという現場の「意識チャネル」を持つことで、格段に葬儀社、斎場ホールでのサービスを引き離すことができるということです。

　その際、一番気にするところが遺骨、位牌、遺影の持ち込みです。
　また来場の際、玄関先での「浄め塩」や「手水」も気になるところです。
　そして黒服の一団が出入りします。華やかなホテルや会館イメージは、それらの点で他のお客様に不快の念を与えるのではないかと、たいへん危惧しているのが現状です。
　中には、いまだに僧侶の読経が漏れ聞こえたり、焼香の煙や匂いが館内を漂うなどをたいへん気にして、反射的に葬祭バンケットを敬遠するホテルや会館も多いものと思われます。
　現状では、別動線を工夫して一般客とは隔離した中で案内するところもあります。これに対して、逆に葬家は気分的なうしろめたさを感じてしまうものです。

　この慣例的な「追悼宴席」においてのほんとうの目的や意識を理解すれば、これは社会的な対応であり、原則、霊性や宗教にかかわる場面ではないということを知るべきです。
　同時にこれらの宴席は、多分に慰労や接待の意味も十分含まれることは既知のはずです。

３つのサービス

葬祭サービスの現場はその対応からみて下記のような概要です。

① セレモニーに関する葬祭サービス……………………式典進行にかかわる対応
② 葬祭バンケットにおける葬祭サービス………………共食意識にもとづく対応
③ 通常の接遇による葬祭サービス………………………上記以外の一般的接遇対応

現場としては現状葬儀告別式の同時進行から「斎場ホール」が最も一般的な場として、そこで行われています。

201

また、最近増えつつある「ホテル葬」というカテゴリーは、お葬式全般から見れば、葬儀ではなく「告別式」（無宗教的な）にあたります。

　けれどもそれは決して「葬」ではなく、まさに式典パーティであるという意識がホテル側にありませんでした。これは前述したように、ホテル側の葬式全体に対する固定観念があまりにも保守的で、自己改革してこなかったことに起因しています。

　では、葬儀社による①のセレモニー対応はというと、主に人材派遣会社からの「セレモニー・レディ」といわれる女性が対応している現場が多くあります。

　つまり葬儀社は自社の斎場ホールでも、自前のスタッフに対応させないで、外注にて「専門」の接遇要員を利用して、その場の対応をさせています。この「専門」が意味するところは何か、といいますと、これがホテルや会館での接遇サービスを経験したり、学んだりした人たちということです。

　葬祭現場では、司会者、ご案内係、僧侶・遺族対応の「お茶出し」など、ブライダルにおける経験者もかなり流用されているのが現状です。そのサービスの本家は「ホテル」であり、ホテルにおける「スタンダード」サービスが、葬儀社の斎場ホールにおいては「スペシャル」なサービスと意識されています。

　しかも、②における現場としての「斎場ホール」は、宴席料理のほとんどをケータリングに頼っています。そこでは葬祭バンケットというレベルには程遠いお決まりのメニューと、料理屋さんから派遣された配ぜん人が、「サービス」（無償提供）で付いてくる、というレベルです。

　もちろん、個々のホスピタリティには、個人格差がありますが、葬儀社においては配ぜん人は、いわば料理の準備と後片付けのための要員であり、その宴席の価値を見逃しています。あわせて①や②には、一貫したスタッフによるサービスが連続していないという欠陥が見て取れます。

　③は単純に対人的な顧客接遇の基本的サービスのことで、ホテルや会館での一番基本的なマナー研修で要されるような、挨拶、立ち振る舞い、誘導、言葉使い、電話対応、トラブル対処等々、サービス業としては当たり前の基本的な接客マナーです。

　「斎場ホール」は葬祭ビジネスが、サービス業であるという意識さえいまだに希薄で、そのサービス意識に関しては、まだまだ粗雑です。そうして外注の人材派遣に丸投げしている企業態度からは、今後もますます葬祭業が衰退していく大きな一因が見て取れます。

葬祭パーティーとは

　これまで現状の葬祭や伝統的な儀式進行が踏襲されてきた中での飲食場面を、式次第を追ってみてきました。

　そこでは飲食が「共食儀礼」であることも忘れ去られ、接待や慰労のおもてなしだけとしてなされ、しかもそれが惰性的なサービス提供である現況も理解できたと思います。

　そこで少なくとも、この飲食場面を「メモリアル・バンケット」という、これまでにない新しい観点で見直してみる必要があります。

　ここでは、慶事、弔事にかかわらず不特定の方々が参集し、飲食を伴うものを「パーティー」として現代的な目線で見ることにします。

　そうすると、既存の葬祭におけるいろいろな場面での食の「振る舞い」は、これを「葬祭パーティー」と呼ぶことができます。

　「精進落とし」や「お斎」の会席の意味や意義は、十分理解しなければなりませんが、その伝統的なことばに捉われすぎて、あまりにも「無難」な踏襲にこだわるところから、これらが形骸化し、その結果萎縮してきました。そこでは誰からも新しい発想や提案がなされてこなかったといえます。

　葬祭における各種の飲食提供を「パーティー」という感覚から再構築してみましょう。

　同時にそのパーティーの付加価値を構築するには、儀式的な伝統価値も十分理解しておく必要があります。食文化の継承を含めた大局も眺めなければなりません。

　また、同時に通常なされている告別式やその後のお別れ会、偲ぶ会、また法要の宴席など、社会的対応としての宴会サービスを、固定観念で考えてしまうのも見直さねばなりません。

　葬祭パーティーは多角的な提案事項として、メモリアル・バンケット全体を大きく拡充できるビジネスです。

　肝心なのは、それが単なる「パーティー」ではなく、その冠には「葬祭」が付いていることを忘れてはなりません。

　一般のバンケットとは異なる「儀式性」がベースにあることを価値としなければなりません。

　告別式は「式典」であり、それはセレモニーという言葉を当てはめていますが、社会的対応の要素のなかでも、この飲食の場面は「共食」という儀式性を同時に有していることを学びました。社会性をベースにしたバンケットの役割は「人とのつながりと」を確認し、追認し、そして更新するというという意義があります。

　それをつなぐのが、そこにかかわる各種のスタッフということになります。

　そのためにスタッフの資質向上は、求められる大きな課題となります。

葬祭パーティー（告別式・お別れの会）

本項では、特に葬儀から切り離された「告別式」のあり方について、各種の施策を提供していきます。

通夜―火葬―葬儀―還骨安置―その後、告別式とすれば、火葬場同行とは関係のない場面の告別式と葬祭バンケットが結び付けられます。

これが出来ないのは、一般消費者がそのようなやり方の工夫を知らないからであり、葬儀社もまた、従来のパターンを固持したいがために、積極的にその選択肢を示してはいません。

ですからバンケット機能の拡充を図るならば、そういう手法があることの情報を、ホテルや会館自らが、「葬祭カウンセラー」などとタイアップして適切な情報発信をすればいいわけです。

> **～ 葬祭カウンセラー ～**
>
> 日本葬祭アカデミー教務研究室が20年ほど前から独自認定をした葬祭に特化したカウンセリングの専門要員です。葬祭とは葬儀、告別式などの死者供養とお墓やその後の供養を世代間の問題として相談できる認定者です。現状では、葬儀社スタッフはもちろん、保険、信託関係者や士業（行政・司法・税理士など）関係者、また最近では行政スタッフ（消費生活相談員）などの受講認定も増加しました。年2回の認定講習は、平成29年時点で46期まで達しています。

すでに現状ではワンディセレモニー、ワンナイトセレモニーなど、お葬式を一日で済まそうとするプランもあります。

これは主に「家族葬」、あるいは「直葬」と言われている小規模な「葬儀のみ」で、告別式をしないものが多く、その物足りなさが、噴出しはじめています。

そこでの提案では、家族だけで先に「葬儀」を行い、告別式はその後、または日を指定して行うというものです。

その人らしい、また悔いのないお見送りをしたいという希望者も多くいます。そこにはホテルや会館のバンケット機能を踏まえた提案が何もなされていないのが現状です。

204

≪パーティーの構築≫

　そのためには、葬祭パーティーを組み立てるという発想が必要です。そこでの要件や要素は３つあります。

① 手法　　　　葬祭パーティーの進行における主体的な方法（複数選択可能）
② 施行場所　　葬祭パーティーを行う場所とその特質
③ 目的　　　　葬祭パーティーを行う意味と期待できる結果（複数選択可能）

　これらを自由に組み合わせることによって、「その人（故人・集団）にふさわしい」ものを提案するようにします。それぞれを線で結んでみましょう。

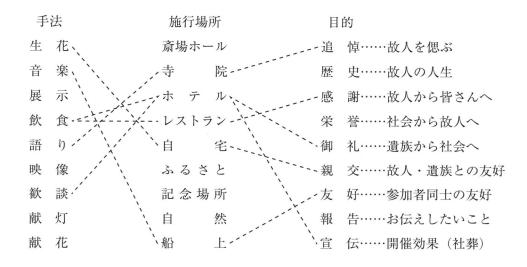

手法	施行場所	目的
生花	斎場ホール	追悼……故人を偲ぶ
音楽	寺院	歴史……故人の人生
展示	ホテル	感謝……故人から皆さんへ
飲食	レストラン	栄誉……社会から故人へ
語り	自宅	御礼……遺族から社会へ
映像	ふるさと	親交……故人・遺族との友好
歓談	記念場所	友好……参加者同士の友好
献灯	自然	報告……お伝えしたいこと
献花	船上	宣伝……開催効果（社葬）

≪セレモニー≫

　葬祭パーティーに関して、セレモニーという観点から見てみましょう。
　通常、お葬式は葬儀と告別式が同時に進行され、そのどちらにも儀式的意味が説明されていないまま、惰性的に踏襲されてきました。たとえば、そこで行われている「弔辞」や「弔電」などの拝受、また式前後のＢＧＭ、式中における故人の思い出映像の放映など、本来の儀式とは関係のない演出が、さも新しい進行のように無造作に行われています。それらは直接、葬儀の宗教儀礼とは全く関係のないものです。
　けれどもわかりづらい読経よりもむしろ、その一般的な演出方法に感動する人もいます。そのような会葬者意識のバランスも、もう少し工夫しなければなりません。中には、お礼の挨拶を生前の録音で、故人の声で聞かせるなど、過度な演出やわざとらしい進行などもあります。少なからず、現状のお葬式の価値を損なっている一因も、そのようなことにあるのかもしれません。
　そこでメモリアル・バンケットの中で行われるパーティーにおいては、前項で学んだようにその目的に合ったセレモニー演出が必要です。同時にその演出意図が解説され、わかりやすく説明されていなければなりません。

具体的な進行手法としては、

1　セレモニー部分を前半に集約して、後半は飲食そのものを味わっていただける工夫
2　パーティーの進行各所にセレモニー部分をちりばめる工夫
3　パーティー開式と閉会前後にセレモニー部分を配置する演出
4　メニューそのものがセレモニーに順じた内容で提供されていくなど
5　音響や照明など視覚、聴覚的なものだけではなく、五感に触れる雰囲気を工夫
6　展示やセレモニーなどの場所を別室などにして飲食と切り離すなど

この他にもいろいろなアイディアがあると思います。幅広く是非考えてみてください。

セレモニー部分というのは、これまでのような弔辞、弔電、各種の挨拶、各種のナレーション、献花、献灯、献奏等々、既存の告別式の中で行われてきたもののイメージですが、そこには新しい発想やスマートな演出効果などが欠如して、逆に多くをブライダルの披露宴に学ぶことも必要です。

肝心なことは、メリハリをつけることから感動を引き出していくという、進行の価値を向上させるための基本的な理解が必要です。緊張感と開放感のはざまで、私たちは印象付けられていきます。

また料理に対する感動は大きなものであると思います。メニュー構成のみならず、その料理内容の意味や出し方のストーリー性は、葬祭全体の印象を良きものとして感動を覚えさせます。

メモリアル・バンケットのサービス確立は、その第一歩として規模は問わず、まず葬祭パーティーを行うことから始まります。

≪会食≫

現状でも火葬後のいわゆる「精進落とし」や「お斎」は、ホテルや会館でなされることも多々あります。これまでは通夜―お葬式―火葬―精進落しとなっていることから、火葬場同行者＝精進落とし席の参加者となっています。

一般のお葬式については、その葬儀と告別式などに一連の飲食場面が包括されていますが、唯一火葬後の会食は葬儀社から切り離すことができます。

そのためにホテルや会館側が解決しなければならない事として……

・火葬後、来訪者に対する「手水」「淨め塩」の問題
・遺骨、位牌、遺影の搬入
・喪服会葬者の誘導
・繰り上げての法要

などや対応（読経・焼香）などがありますが、要は、着地点をホテルや会館において、その前段の手法や対応を考えるだけの話です。

お葬式の「後」、ホテルや会館での会食ではなく、ホテルや会館での会食をメインにして、その前提の葬儀の提案が、事前にホテルや会館側から情報発信されていません。それがなければこのビジネス構造は変わりません。

≪遺骨・位牌・遺影≫

第一に、遺骨や位牌の持ち込みと、その場での読経などの宗教儀礼は必ずしも必要ではないことを知るべきです。

たとえば仏式の式次第の中で、「前火葬」という手法もあります。

これは通夜の翌日、近親者のみで火葬場へ赴き、その後葬儀を営むものです。その際、いわゆる一般会葬の方々は、最初から宴席会場へ「平服」で出席頂くように差し向ければ済むことであり、少なくとも遺影写真に献花を手向ける拝礼を行えば何の問題もないわけです。

弔事宴席として、「本葬」としての告別式施行（ホテル葬）や回忌法要後の会席などに際して、通常遺影、位牌などを白布がけの壇上に設置することも多くあります。

> ～ 本　葬 ～
>
> 「密葬」と対になった言葉。密葬とは後日執り行う本葬に際して、その死を公にすることなく近親関係者のみで「葬儀」を行い、火葬まで執り行うこと。その後、訃報を公示し、あらためて「本葬儀」と「一般告別式」を行うのが「本葬」といわれています。またお葬式を「葬儀」と「告別式」それぞれに分けて葬儀を密葬として行い、後日告別式のみを本葬として行う意味もあります。社葬の多くが「ホテル葬」で行われているのも、そういった意味で、無宗教性の社会的対応を主体的に考えれば、特に寺院とは関係のない場所（ホテルや会館）でも何ら違和感がないことが理解されたからです。

そこでの注意事項は、以下の通りです。
・遺影・位牌は素手で持たないこと（白手袋を着用）
・二つのものを両方いっぺんに持たないこと
・または片手で持たないこと
・装飾段に設置するまでは、風呂敷など、覆いをかけておくこと
・設置後は『陰膳』をお供えすること

◎陰膳……故人へのお供えとして、その宴席で召し上がる料理の一部、または一人前（会席弁当などの場合）をお供えします。もちろん飲み物も併せて配置します。

陰膳の向きは霊位の定まった側が正面ですので、箸などのセットは反対側になりますので注意して下さい。

≪ケータリング≫

ケータリングも、葬祭に提供できる飲食サービスです。

最近では「夜」に通夜、葬儀、告別式を行う提案が、多くの人の賛同を得ています。その際、斎場ホールでの飲食接待は、葬儀社出入の指定料理屋に委ねられることがほとんどです。そのため、メニューの限定や料理センス、また配ぜん人（サービスクリエーター）の資質なども画一的なものになりがちです。

葬儀受注の原則では、ブライダルとは異なる面として、葬家の持ち込みが等が比較的柔軟であるということです。生花店の指定、料理店の指定、ギフト品の指定等々、厳格な提携規定があればあるほど、顧客の自由度が減少することになります。

そのため、どうしても自社受注を得ることにおいては、幾多の「特例」で対応することもあります。

そうなると、宴席対応を選ぶのは、エンドユーザーということになります。このエンドユーザーに対して、料理の品質やスマートさ、そうして配膳人材の資質を大きなサービスポイントとして、知っていただく工夫もなされなければなりません。

自信をもってお勧めできるケータリングプランも、ホテルや会館としては重要な営業品目かもしれません。葬祭においては、あまりにもそういう提案が画一的で少ないのが現状です。

Q&A

≪食事に赤が入っていいのか？≫

メモリアル・バンケットの基本は、故人の生前意思や遺族、発起人の希望が反映されなければなりません。またプレ葬祭のように半分お祝いの席という意味もあります。

特段、紅白を織り交ぜてのお料理メニューもメリハリがつくかもしれません。

ただし純粋に追悼などの弔事席では、「赤抜き」したものは、考慮する必要があります。一般的に「慶事の象徴」とされているような「尾頭付きのタイ」などは、無理に提供するものではありませんが、葬儀にも「赤飯」が常用されていた時代もあります。

また神葬祭では、そのタイを神饌として捧げることもあるので、一般的な「慶事食物」を提供するような場合には、その解説責任を伴った「しおり」などを工夫します。

≪お箸は祝い箸でいいのか？≫

箸はできれば白木の割り箸を使用したいものです。天削箸のように頭部を大きく斜めに削った、ヘラのような形で、溝を付けず先端のみ面を取ったものなどが、高級感があります。

天を削いだ形は神社の屋根にそびえる千木を形どっており、利久箸と同じく天の恵みを受け、神との共食を象徴しています。「ハレ」（非日常）の箸としていますので、葬祭でも使用できます。

ただし、紅白の箸袋などは使用しません。これらの箸包みもいろいろ工夫できます。葬祭においての箸作法は、「骨あげ」以外にはありません。

≪お土産で避けた方がいいものは？≫

一般的にお葬式の返礼品には二つの種類があります。

一つは弔問、会葬に対するお礼に附帯するもの。もう一つは香典に対する返礼として、原則はその額に応じた品物を後日（忌明け後）に贈るというものです。

「通夜」弔問における返礼作法では、これまでお酒（浄めの意）と甘いモノ（砂糖、饅頭など……実用品あるいは嗜好品）の時代が続きました。

葬祭パーティに出席された方々には、お礼状やメモリアル・カードの他に、お菓子など、いわゆる「消えもの」が良いでしょう。けれどもこれも主催者の要望や希望もあります。

これまでに、白無地の小さな一輪挿しを、葬祭グッズとしての意を記したカードとともにお渡ししたこともあります。自由な発想に基づいた提案も大切です。

新しい葬祭の提案

ライフ・メモリアル

人生儀礼の中の節目として、日本では年齢に応じた慶事があります。

一般的には、

還暦……60歳　　古稀……70歳　　喜寿……77歳

傘寿……80歳　　米寿……88歳　　卒寿……90歳

白寿……99歳　　上寿……100歳、があります。

また習俗的には「厄年」なども根強く慣例行事として営まれています。

その時節には「厄払い」ということで、他者に振る舞いをし「厄落とし」をする風習もあります。すべては飲食が伴います。

これら多くは、主に「慶事」として、また「世俗的慣習」としてなされていますが、特に「超高齢社会」においては、70代以上の元気な方々が多くいます。その年代層に対して、飲食を伴った節目の人生儀礼を勧めることは、豊かな文化形成を図ることでもあります。

もともと通過儀礼というものは、「擬死再生」といわれます。つまり一旦、逝去したことにして、そこからの生まれ変わり、更新を意図したものだといわれています。

見方によっては、それは葬儀の施行意図と類似しています。そうして、その場での飲食提供は、まさに「振る舞い」であり、その要素は社会性があることから、この場は、「告別式」にもふさわしいということができます。

そこで、それらの「慶事宴席」に、付加価値としての「葬祭」も提案できるようにしておくといいでしょう。

メモリアル・バンケットの観点からは、難しいことではありません。

「長寿」の祝いと同時に、その年齢においての「覚悟」を表明する場でもあるわけです。この節目を経ることで、「生まれあらためり」、つまりこれらもメモリアル・バンケットとみればいいのです。

大切なことは、長寿の先にある「自身の在り方」について語れる宴席にしなければならないということです。そこに大きな付加価値が付きます。

プレ葬祭

　本書ではホテルや会館に、プレ・ブライダルを参考に、「プレ葬祭」という造語で、新しいバンケット受注を、広く一般に浸透させていきたいと考えます。

　プレ葬祭の提案は、直接本人自身に共感していただけるというわかりやすいメリットがあります。またそれを繰り返す慣習も生まれます。
　ある往年の歌手が、70歳を機に「生前葬コンサート」を開き大盛況でした。彼はその翌年、今度は「一周忌コンサート」を開催し、またその翌年からも活動を続けています。

　メモリアル・バンケットの拡充には、何度もできる、次はどのように行うかなどの大きな目標を導くこともできる可能性があります。
　これは逝去後の精進落としや法要の宴席と似ていますが、「生前」ということが大きな特徴です。

　たとえばホテルや会館のバンケットでは「感謝の集い」的なパーティーも多く行われています。そこにひと工夫、付加することができるプロデューサーが必要です。
　最近では、高齢の親に対して子供世代が食事会を開いたりすることもあります。その折、お世話になった方々を招き、その場であらためて感謝を伝え、人生の区切りをつけておきたいという要望や希望を引き出すことが肝心です。

　高齢者には高齢者にしかわからない心境もあります。そういう機会があれば、「いまこそ」という気持ちで、その宴席が満たされるかもしれません。そこでは、招かれた高齢者同士の暗黙の了解が生まれます。また旧交を確かめ合う場でもあります。
　実際に施行後、今のうちに会っておいてよかったという声を耳にします。

　プレ葬祭は、メモリアル・バンケットの最大の独壇場です。
　前述の「新しい葬祭の提案」を参考にした、自社独自の「現場構成」を考えて、パターン化しておくことが必要です。

　このような「現場設定」の中で、現状でも普通になされる違和感のない対応としては、

・遺影の掲示や遺品の展示など……センスとオリジナリティのアイディアが必要
・黙とうや献花での「拝礼」………演出効果としての生演奏やＢＧＭの選曲を工夫
・献　杯……………………………会食の開始としては必要用件。

211

◆「献杯」とは、共食儀礼の一つで、故人の尊崇や追悼を祈念する。

　起立して、盃に入れた酒を目線より少し下に差し出し、静かな発声とともに、少し頭を下げてから口を付ける。盃を高く掲げたり、互いに容器を触れ合うようなことはしない。飲み干したら暫し黙とうの後、着席する。

・各人の弔事や挨拶など……追悼の言葉や思い出を語る。僧侶がいれば「法話」を承ることもある。
　（順番なども決めておく）
・会席の意味と意義の説明……このバンケットがどのような目的でなされているのかを端的に解説する。
　（司会進行者など）

　後は、自由なアレンジで「その人らしく」を表現していくことも大切です。最近では、高齢者の「希望」として、人生の節目に際して「生前葬」を、と考える人もいます。その認知度も高まってきています。それは超高齢社会ならではの、事前のけじめのつけ方かもしれません。

〜 生前葬 〜

　これまでなされた有名人の、特にタレントなどの「生前葬」は茶番です。お葬式に無知な人たちが売名的に行った軽薄なものが多いです。それらはすでに江戸時代の戯作者、鶴屋南北が「寂光門松後万歳（しでのかどまつごまんざい）」で滑稽話として脚本化されているくらい、思慮が足りません。

　生前葬という言葉が平然と巷間に飛び交いますが、これは極めて無造作な言葉です。生きている以上、決して「葬」ではありえません。この行為名称を何とかしたいものです。

お祝いを兼ねた、プレ葬祭

喜寿などのライフ・メモリアルや、生前葬であるプレ葬祭を併せたパーティーの実働例を以下に記します。

≪想定≫

日　時　○月○日　14時〜17時　○○の間
内　容　○○夫妻生前感謝の会（プレ葬祭）
目　的　喜寿祝い・感謝・これからの想い・その時には……
参　加　あらかじめご案内を出して、出欠を伺ったうえでの会席

人　数　70名
　　　　（内訳　親族25名　学生時代友人10名　趣味友人10名　会社関係10名　近隣15名）
発起人　趣味友人代表□□氏・子供・孫一同の連名
形　式　セレモニーと歓談・会食

会費制（名目はお花代……生花祭壇に充当）
主旨伝文とお礼状のほかお菓子の返礼品
全員が指定の同系色のアクセサリーや服装を身に着ける
メニューはオリジナル・コース料理で宴席名入りしおり配布

≪事前準備≫

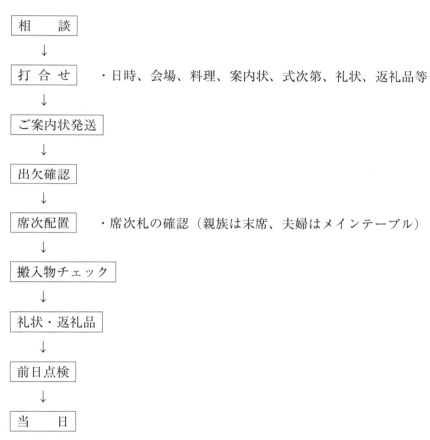

・看板等掲示物チェック　動線チェック
・受付設定（仕分けなし）記帳とお花代（一律）の授受
・会場内設営チェック（祭壇・写真・葬祭グッズ展示品など）
・テーブル配置と着席者名チェック
・照明・ＢＧＭ・映像チェック　生演奏がある場合はチューニングチェック
・マイクテスト・立ち位置テスト

≪式次第≫

●はサービススタッフの動き

| 受付・入場開始 |
●ロビーなどからの誘導案内

●ＶＩＰ着席者など優先誘導（控室など）

↓

| 会場ご案内 |
●席次により着席誘導

●フリードリンクの配膳

　　できれば前段階で提供して時間になったら着席誘導

↓

| 開式の辞 |　司会者等、この宴席の説明　意味と意義そして目的　　●照明・ＢＧＭ

↓

| 発起人挨拶 |　●スポット照明　スタッフは定位置に誘導

↓

| 音楽の典礼 |　●弦楽四重奏　演奏合図

↓

| 乾杯（喜寿）と献杯（生前感謝） |　　主賓発声　　●飲み物配膳　着席者、立席者

セレモニー終了　●バンケットエリアに誘導

↓

| 会食・歓談 |　●セレモニーエリアのイス席を移動、高齢者等にはイスを勧める

↓

| 思い出の共有 |　各人挨拶　　　　　●挨拶者を立ち位置へ誘導

↓

| 思い出の映像（料理はデザート段階） |　●映像中会場暗転　音響

↓

| 感謝・表明宣言　○○夫妻挨拶 |　●立ち位置へ誘導

↓

| 閉　　会 |　特に閉会の辞はここではありませんが、

　　以降、司会が案内をして、両人は来訪者と短い談話ができるようにします

↓

| 返礼品と記念の礼状のお渡し |　　　　　●動線誘導で指定出口へ　お渡し漏れのないようにする

↓

| 親族の記念写真など　その後解散 |

●スタッフ一同集合　一礼　いわゆるエンドロール

≪宴会後≫

- ・装飾、展示品の持ち帰り整理
- ・帰還用の車への誘導
- ・お見送り

- ●遺影などの梱包や贈答品などのとりまとめ
- ●主賓・ＶＩＰへの付き添い案内
- ●できる限り多くのスタッフにて

～ 「その時のための献花」という演出 ～

　○○夫妻は祭壇上に起立し、参加者による献花は両人の前に挿されて、花に埋もれていきます。この時、各人に対して、一人づつ談笑を伴うように時間を取るといいでしょう。その案内を係りの者が順次行っていきます。

≪提案コンセプト≫

　基本的には自由でオリジナルなパーティー・デザインが望まれます。テーブルの配置や席次は指定、あるいはビュッフェスタイル等々、ステージのレイアウトも自由です。

　これは通常のバンケットと同じですが、あくまでもプレ葬祭というコンセプトを忘れてはいけません。

　このように、その理念を踏まえたメモリアル・バンケットがプロデュースできるスペシャリストになるためにも、葬祭の概要を把握したうえで、葬儀や告別式の成り立ちを十分理解して、通常のバンケットとは一線を画して望んでください。

　提案コンセプトは下記の３点です。

　　1　私のライフデザインとして…………生きがいのスタイル表現で
　　2　人生の共感を得て………………思い出を共有した
　　3　これからの表明をする……………覚悟と合意の披露宴

　自分自身の生きがいをプレ葬祭というスタイルを通して開催し、そこで参加者とのいろいろな思い出をあらためて共有します。そこから、その後の人生における自身の想い（覚悟）を表明（宣言）し、その合意（容赦）を得ておくパーティーです。

　ここに開催の意味と意義を持たせます。これはまさに生前の告別式です。
　このような理解をもとに、いろいろなプランニングが出来るようにしておくとよいでしょう。

スペシャリストの養成

　ホテルや会館は、ブライダルのみならず平時のバンケットを取り込んでいますので、その機能の流用性で、十分対応ができます。しかしそれは設備の問題であり、サービス対象を今一つ見失うことなく、その質をあらためていくことが大切です。

　現状では、メモリアル・バンケットにかかわる人材育成やその確保は、まだまだ十分ではありません。またそのビジネスモデルもブライダルのようには確立していません。

　ホテルや会館の機能もいろいろ分業化していますが、プロデュースする人と現場でのディレクターは当面、同一にならざるを得ないでしょう。けれども皆さんがそれぞれの職域で、そのハードやサービスレベルに応じて、これからオリジナルな自社スペシャリスト・スタッフの養成をしていくことが求められます。

　ホテルや会館の機能に組み込こまれている現状のブライダル機能から、いろいろ両立させることも可能です。結婚式とお葬式の儀礼構造の変遷類似もあり、これはブライダルの様相がタイムラグをへて確実に葬祭にも現れることを意味しています。

葬祭サービスの業務

打ち合わせ

　主催者側にもいろいろ打合せを通じて、親しみを共感できる方もいるはずです。とくに、葬祭バンケットにおいては、友人などが発起人となって開催する事例も多く、その方々とも綿密な打ち合わせを重ねていくことで、一つの目標に順じた「同士」になることも多々あります。この巻き込み、取り込みもサービス業の醍醐味です。

　もちろんそれはその場の成就だけの事かもしれませんが、スタッフ自身の個々の信頼を確立できる場であるということができます。
　ブライダルでは、そのようなコーディネーターがいて、その後も長くお付き合いをされている例が多々あります。
　葬祭サービスにも、そのようなライフ・タイム・バリューの要素が十分ありますので、是非自分のプライドとして確立して下さい。

　不特定多数の来場者は、次回にはひとり一人が顧客になる可能性を持っています。
　スタッフの皆さんが、そのようなつもりで、このパーティーこそ最大の「営業」の場であるという意識を持ったなら、葬祭だけに、たいへんホスピタリティの多感できる空気になると思います。

≪テーブルセッティング≫

　通常のバンケットに沿ったもので構いません。クロスは白が基調ですが、その他の色でも構いません。黒のテーブルクロスもあります。（たいへんシックに感じました。）
　丸テーブルを基本としますが、会場のレイアウトによっては、長形、馬蹄形、オーバルなども適宜配置します。
　ビュッフェスタイルの場合、周りの着席イスは出来るだけ多くセットします。

　一般的には「献花」や「拝礼」後、または「献杯」後に短時間のみ滞在して帰る人も想定した式次第もあります。その際は、最初はビュッフェ式で始まり、徐々にテーブル周りにイスを配置するという段階的なサービスもありますので、臨機応変に対応できることが必要です。

　どのようなケースでも高齢者、または障害者には、着席を求めましょう。スタッフの思いやりこそが、施主の気持ちを代弁します。

≪テーブル上は会食の形式に応じて準備≫

テーブルの上にはお花の装飾や食器類を配置しますが、懐紙やお品書きなどだけではなく、「この会の意味と意義」あるいは「お伝えしたいこと」などの「メッセージしおり」などを置くこともおもてなしの一つです。

≪ＢＧＭの選曲≫

基本的に自由ですが、もし弦楽やフルートなど生演奏などが入る場合は、その曲相に順じたものがいいでしょう。

また施主などからのリクエストもあらかじめ承っておくことが大切です。

≪照明の演出≫

照明は大変重要な会場の雰囲気づくりに欠かせない演出手法です。

狙いは「意識の切り替え」を促すことが目的です。あまり頻繁に行わなくても構いませんが、セレモニー時には控え目にして、挨拶などスポットライトを使用するなど、空間構成にメリハリを付けます。

最近ではプロジェクションマッピングなども利用した、多角的な演出方法もありますので、広く検討しておくことが必要です。

また、自然光などが差し込む施設の場合、明暗の転じ方にそれを利用することもあります。

≪事前ミーティング≫

葬祭パーティーの主賓は「故人」です。

プレ葬祭においても、「ご本人」ではなく、その先にある「故人」を想定しておかなければなりません。

事前ミーティングでは、このバンケットの目的をよく理解して、自身の役割と協力の体制を確認し合うことが必要です。

当日の実働事例　配置図と動線

（一例として、基本的に配置は自由、動線もそれに準じて）

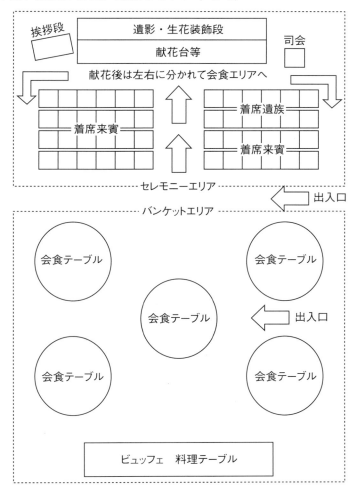

献花などの拝礼

ホテルや会館での葬祭バンケットでは、献花を奉じることも多く行われています。

献花には作法がありますので、スタッフはそれを心得たうえで、来場者に献花をお渡ししなければなりません。

≪献花拝礼の作法≫

1　献花者は右手の方に、花が来るように両手で受け取ります
2　進み出て一礼の後、茎が先になるように（花が自分の方になるように）持ち替えて捧げます。
3　遺影など仰いで黙とう、または平頭（中には合掌する人もいますがこれは不問）
4　向きを変えて、遺族などに一礼して戻ります。

花を献花者に渡す場面では、その作法を知ったうえで片手でそれを配るようなことはしてはいけません。渡す場所を数カ所定めて、ひとり一人、両手で丁寧に渡します。

その際、拝礼の作法にあるように、献花者の右手に花が行くように渡します。

時間が限られているような場合は、渡す場所とスタッフの人数で調整しましょう。

この受け渡しの丁寧さこそ、葬祭サービスの「質」が問われるところです。

また、数が足らなくなるようなことがあってはなりません。献花は絶対に使いまわしをするようなことを避けるべきです。

スタッフの立ち振る舞い

ご案内や配膳またそれらの役割を重複して対応できるのが、宴会サービスであり、パーティースタッフです。とくに葬祭では、セレモニー部分と会食、歓談の部分があります。それらを意識して表情や立ち振る舞いに注意して下さい。

来場者はスタッフの動きやその表情から、緊張の緩急を見ることもあります。

そのためには十分に式次第や進行を把握して、どういう場面で自分が動いているのかを常に意識しておく必要があります。

≪パーティー会場における「空気」をスタッフはどのように構築するか≫

スタッフ間の気持ちの良い連携は、いちいち言葉の指示だけでは済まされません。来場者はその暗黙の連携を感じ取って、このバンケットやサービスの「品質」を見極めます。

ここにスタッフとしての誇りを持ってください。

スタッフ同士の「あ・うん」の呼吸は、たとえミスがあっても、それを上回る対処回復が大きな評価になることも多々あります。この連係が心地よい「空気」を生み出します。

スタッフ間の気まずさは、必ずお客様に感じ取られます。

「一期一会の宴席」という意識をもって、臨んでください。葬祭パーティーを行う人にとっても、それは人生において大きな決心を伴って開催するわけですから、決して「慣れ」は禁物です。

結婚式とお葬式の変遷

時間経過から見た同一性

婚礼・婚儀（儀礼……神仏・宗教性）と披露宴（式典……社会性・対人的応対）
葬儀（葬送儀礼……霊魂・遺体・宗教性）と告別式（故人・遺族の社会的対応・感謝等）

・場所
　　　結婚式……自宅　　　　—— 専用式場 —— そしてホテル。
　　　葬　式……自宅・寺院 —— 専用斎場 —— ホテルでの社葬など
・宗教
　　　結婚式……神前・仏前 —— 人前・キリスト教　無宗教・ファッション化
　　　葬　式……神式・仏式 —— 無宗教葬・お別れ会・偲ぶ会・音楽葬など
・イメージ
　　　結婚式……和風 —— 洋風　内掛けからウェディングドレス、和食から洋食
　　　葬　式……和風 —— 洋風　棺など素材が、桐から布張りの西洋棺風に変化
・社会的スタンス
　　　結婚式……「家」—— 個人（私、私たち）
　　　葬　式……「家」—— 故人（先祖祭祀から故人祭祀へ）共同体からファミリー
・人間関係
　　　婚儀……親族中心 —— 披露宴　友人や社会的関係
　　　葬儀……親族中心 —— 告別式　友人や社会的関係
・規模的変化
　　　結婚式……ハデ婚 —— ジミ婚（レストラン・ゲストハウス）
　　　葬　式……ハデ葬 —— ジミ葬（直葬・家族葬）

　このように検証すると、いろいろなビジネスのお手本がブライダルに見えてきます。
　そこで「経験価値」の把握とそれを活かすことが、サービス全般の課題でもあります。
　葬祭サービスにおける経験価値とは、料理やサービスそのもの品質の価値とその宴席を通じて、参加者
それぞれが得られる感動や満足感といった心理的で感覚的な価値のことです。
　それは味覚なども含めた五感のほか、情緒的な印象を与えることからも醸成されます。そのためには、
参加者の知性や関心事に触れる経験を、そのバンケットを通じて促して行くことが必要です。つまり参加
者の客層意識を感じ取るということです。

　ライフスタイルが多様化をしている現在では、特に高齢者においては潜在的に自身の終えんを見据えて、

その気持ちの表出を考えている人も多くいます。

　プレ葬祭のバンケットを通して、人生儀礼の節目やまた自分がかかわってきた社会的集団との関連づけを意図したバンケットのテーマなどを、一つのパーティーを通して自分なりにアレンジしてみたいという人もいます。

　今そこにある葬祭パーティが、常に来場者へのプレゼンテーションの場になればメモリアル・バンケットは大きく拡充していきます。

　ホテルや会館スタッフがこれまでの経験価値を再認し、葬祭ビジネスにあてはめたマネジメントの改革が求められています。

　現に葬祭業界の構造の変化は、この適切な切り替えの可否によって、淘汰されていきました。既に祭壇の価値や斎場ホールの施設価値だけでは、十分な売り上げを見込めなくなっているのが現状です。しかしながら「葬儀」そのものを葬儀社は今後も施行していきます。その中の「告別式」をどうするかがこのバンケット・サービスの中の葬祭に関する新しい提案です。

　どんなバンケットにおいても、惰性的な施行が続けば、その価値は著しく低下します。メモリアル・バンケットが共食概念と連動した中で敷設されることにより、より一層の施行価値が向上することは間違いありません。そこには接遇所作の学習だけではなく、常に提供する宴席のアカウンタビリティ（説明責任）が前提となります。

　これまでブライダルや他のマナーに精通して、そのサービス資質を研鑽させてきたホテルマンやバンケット・マネージャー、スタッフがいま一度、葬祭ビジネスの背景を学び、これまでにない適切なサービス感性を培うことが必要です。それこそがオール・バンケットにおけるスペシャリストといえるでしょう。

　日本の伝統とは何か？　を考えたとき、そこには揺るぎのない死生観があることに気が付きます。

　幸いにして、神も仏も「愛する」国民性の私たちは、身近な人がその神や仏になるという穏やかな供養概念をなんとなく持ち続けています。そこに私たちの「世代遺産」という大きな精神性があります。

　メモリアル・バンケットのビジネス視座は、実はそこにあるのです。

　近代でも未来でもない、私たちには、いにしえに基層化された生活感情と風土の四季に育まれた感性があります。そのなかで日常と非日常を共食饗応で結び付けていました。

　酒や米や芋など食文化の源泉は、今でも変わりません。

　メモリアル・バンケットを通じて、人と人とのつながりを平面的な横軸だけではなく、時代の縦軸も意識しながら、今この場を共有できる充足は、共に食する場面から始まります。

　世代間で受け継ぐことのできる食文化と、その人生儀礼のなかで豊かに「振る舞う」ことの出来るサービス提供こそが理想です。

第 6 章
ユニバーサルマナー

接遇という目に見えない商品で顧客満足を追求する私たちですが、その内容の進化にはこれまで以上の奥行きが求められています。

2024年の厚労省の調査結果によれば、障害者の総数は、推計1164.6万人であり、日本の総人口の約9.3%に相当します。推定で、在宅の身体障害者手帳所持者（身体障害者）は415.9万人、療育手帳所持者（知的障害者）は114.0万人、精神障害者保健福祉手帳所持者（精神障害者）は120.3万人です。

また、2024年9月15日現在推計では、65歳以上は3625万人であり、総人口に占める割合は29.3%となっています。そして高齢者は視覚障害・聴覚障害・肢体不自由・内部障害が複合的に起こることが珍しくありません。

障害者にも高齢者にも、フォローをするご家族や友人がいます。そう考えると正しいサービスを求める人の数は無尽蔵です。

近年外国人の方が多く観光等で来日されて、接遇する機会が増えています。外国人で障害のある方、高齢者の方についても日本の素晴らしいサービスを提供できるように知識・スキルのある人材が求められます。

ユニバーサルマナーとは

このような状況下、注目されるスキルとしてユニバーサルマナーがあります。ユニバーサルマナーとは高齢者や障害者への適切なサポートやコミュニケーション方法です。そしてその根本は特別な知識や高度な技術を要するものではなく、身につけていて当然のマナーの領域です。

しかし、障害者は周りの人の「無関心」と「過剰反応」に困惑することが多いようです。

「無関心」には「どうしたらいいか分からない」ことから生じる迷いや遠慮が含まれているのでしょう。ユニバーサルマナー協会の調査結果をみると、57%の人が「分からない」＝「できない」と思って二の足を踏んでいるのです。それを察すると、障害者の方たちは申し訳ない気持ちになるのだそうです。

逆に「＊＊してあげなきゃ！」という気負った思い込みは、とてもありがたいのだけど時には負担に感じるそうです。

相手がどうしたいのか、その意思に耳を傾けることがなによりも大切です。その姿勢の背景に垣間見えるのはより深く相手を理解しようとする「心」とその理解を助けてくれる「知識」です。

なにが良いのか正解はありません。しかし100点満点でなくていいのです。

なによりも大切なのは「常に歩み寄っていく姿勢」と、「現状を少しでもより良くしようとする姿勢」でしょう。

求められているのは「さりげない配慮」です。まずは「なにか、お手伝いできることはありませんか？」

という声かけです。もしかしたら「大丈夫です！」と、断られるかもしれません。しかし「見守ることも、おもてなし」です。いつでも駆け寄れるように、あたたかい眼差しで注意深く見守ってあげましょう。

バリアフリー新法の制定により多くの建物が誰でも利用しやすい環境になりつつあり、障害者や高齢者も外出しやすくなりました。しかし全ての建物や施設がバリアフリーではありません。たとえバリアフリーであっても、スタッフが適切なフォローができない場合もあります。

平成25年（2013年）６月に障害を理由とする差別の解消を推進することを目的として制定された障害者差別解消法が改正され、事業者による障害のある方への「合理的配慮の提供」が義務となりました。改正法は、令和６年（2024年）４月１日から施行されています。

法律によって傷害のある方にその障害の特徴に沿って合理的な配慮を行うことが求められますが、これは決してホテルや式場に無理を強いるものではなく、お客様の要望をさりげなく丁寧にお聞きして可能な限りで対応することが重要ですので、まずはそのようなマインドを持つこと、その上で必要な知識・スキルを身に付けることが必要といえるでしょう。

障害のある方のフォローをすることは、人として当然のことでもあります。しかし私たちはその上を目指さなければなりません。

なぜならサービスの目的は、すべてのお客様に楽しんでいただくことだからです。障害のあるお客さまにも、その場に居合わせた他のお客さまにも心地よく過ごしていただかなければなりません。

そのためには「介助という域を超えたさりげない対応」でその場の雰囲気を壊さないことが必要となります。それこそがサービススタッフに求められる上質のユニバーサルマナーといえるでしょう。

肢体不自由

肢体不自由とは、四肢（手足）や体幹（脊椎を中軸とした上半身と頸部）の運動機能に障害があることです。移動には、車いすや杖などを使用します。

杖

杖は、立体姿勢が不安定な場合や、持久力がない場合の移動手段の補助として使用します。
①使用者の承諾を得てから、サポートします。
②サポートする場合は、杖を持つ手の反対側で行います。
③杖の先のゴムが摩耗すると滑りやすくなるので、摩耗していると判断した場合は注意を促します。

歩行器

杖よりも安全性が高く、腕力の低下した人には便利です。

①床が平らで、段差や凸凹がない場所に誘導します。

②傾斜面では使用が難しいので、注意が必要です。

車椅子

車椅子は、四肢や体幹に障害がある場合に使用します。

車椅子を押す

車椅子を押すときの注意点は、以下の通りです。

①押してよいのか、事前に確認します。

②車椅子のブレーキが外れているかどうか、確認します。ブレーキレバーは主車輪（後輪）の両側についています。外れていなければ、本人に外してもらうか、本人に確認をとってから外します。

③車椅子の真後ろに立ち、ハンドグリップを両手でしっかり深く握ります。

④「押します」と声をかけてから、ゆっくり押します。

⑤わずかな振動でも苦手な人もいるので、地面をよく見て、なるべく振動がないように留意します。

段差でのサポート

段差の上り下りや溝を越えるときの注意点は、以下の通りです。

①本人が車椅子のシートに深く腰掛けているか、確認します。車椅子で移動中に、座る位置が前にずれていることがあります。特に高齢者や車いすに慣れていない人、上肢にも障害がある人の場合は、細心の注意が必要です。

②段差や溝がある場合は、キャスター（前輪）を上げるので、事前に「キャスターを上げます。」と、声をかけます。

【段差を上る場合】

①前向きで段差に向き合います。

②足元のステッピングバーを踏み込み、ハンドグリップを両手で下げます。最近はステッピングバーがない車椅子が増えています。ない場合は、手首のスナップを聞かせてキャスターを上げますが、コツが必要なので慎重に行います。

③キャスターが上がったら、少し前進し、段の上にキャスターをのせます。

④後輪を段差に押し付け、後輪を持ちあげるのではなく、そのまま前進し、押し上げます。

【段差を降りる】

①後ろ向きで行います。

②主車輪を段に沿って、下に降ろします。

③そのままゆっくり後進します。

④キャスターが段に近づいたら、段に沿って、ゆっくり下に降ろします。

【溝を越える】

キャスターを上げた状態で行います。

～ 車椅子での登壇 ～

　あるホテルのパーティで車椅子の方にご登壇いただき表彰するシーンがありました。10センチほどの段差を、男性四名で車椅子を抱え上げていました。階段のように2段以上なら確かに抱える必要があります。しかし1段なら前輪を壇上に乗せさえすれば一人が介助するだけでスムーズに登壇できます。段差が高かったり介助者の力が弱かったりする場合でも、もう一人が車椅子の前部を抱え上げるフォローするだけで十分です。これは決して難しい作業ではなく車椅子の構造と要領さえ分かれば女性スタッフでもできるようになります。

　降壇の場合は体が前にずれ落ちないよう、後ろ向きに降りることが必須です。しかしそのパーティでは前向きに抱え降ろしていました。椅子が宙に浮く不安定感もあって、その方は不安だったと思います。これも手順さえ知っておけば一人の介助者でスムーズにできる作業です。

【エレベーターでのサポート】

①　エレベーターに乗る時は、扉に対して真っ直ぐに進み、扉の溝に前輪がはまらないようにティッピングレバーを軽く踏み、前輪を浮かし主車輪でまっすぐ進みます。エレベーター内にスペースがあれば向きを変えます。

②　エレベーターを降りる時、向きを変えられる場合は、前進しております。向きが変えられない場合は、溝に気をつけて後ろ向きにゆっくり降ろします。

その他の注意点

①車椅子使用者の中には、体温調節ができない人もいます。

　　ひざ掛けなどの用意などの配慮が求められます。

②介助者がいる場合でも、車椅子利用のお客様と積極的に話すようにします。

　　またその際は、腰を低くし、目線を合わせて話します。

③車椅子使用者を案内する時は、遠回りであっても安全を優先して、段差や溝のない場所を誘導します。

　　またその際は、その旨を伝えます。

宴会場での案内

来場からテーブルへのご案内の間だけでも、通常の業務とは違った細やかな配慮が必要になります。

①車椅子の方と目線の高さを合わせることが求められます。

　上から話しかけられると相手は威圧感を感じがちです。

②車椅子を押した方がいいのか、事前の確認が必要です。

　また自分のペースよりも早いスピードで押されると不安を感じます。

③車椅子のままがいいのか、お店のイスに座り直したいのか、確認することが必要です。

　腰が痛いから体勢を変えたい、下半身が冷えたから血行を良くしたい、視野の高さを変えたいなどの
　理由でお店の椅子を希望する場合もあります。

④車椅子に触ることを事前に断ることが必要です。特に長期間日常的に使っている方は、車椅子を自分
　の体の一部だと感じている場合が少なくありません。

　たとえ善意の行動であっても、無断で体に障られているような不快感を持たれる恐れがあります。

視覚障害

視覚障害は2つに大別されます。「視力障害」と「視野障害」です。

視力（見る力）の障害は、全盲（視力の和が0.04未満）と弱視（視力の和が0.05〜0.3未満）に分かれます。

視野（見える範囲）の障害は、狭窄（視野が全体的に狭い）、欠損（視野の一部が見えない）、暗点（視野の中央部分が見えない）に分かれます。

弱視や視野障害の方は外見では見えているように思われがちですが、実は危険を察知しづらいということに留意しておくことが必要です。

例えば弱視の方は、同系色の障害物などを認識しづらい傾向があります。

視野障害のある方は、見えづらい方向から迫る危険を察知することができません。

また、高齢者の多くは白内障で視野がかすんでいます。

以下は全盲の方への対応が中心ですが、それ以外の方へのフォローの参考にもなります。

お声がけ

お声かけをするときの注意点は、以下の通りです。

①何よりも大切なのは、歩み寄る勇気。「腕や服に軽く触れながら」声をかけます。

　そうでないと自分に話しかけられているのか判断が難しいからです。

②そして名前と所属を伝えます。

　相手がホテルやレストランの人だと分かれば、より具体的な内容を頼めるようになります。

③それから必ず「なにかお手伝いしましょうか？」と、サポートの必要性を伺いましょう。

移動時のサポート

①「自分の腕、肩、手首など」を相手の要望に合わせて持ってもらいます。

相手の背中を押す、手をひく、白杖を持つなどは、相手のペースを乱してしまうのでNGです。

右手左手のいずれが持ちやすいのかも確かめます。

②そして相手の「斜め一歩前」を歩きます。

そうすることで自分が危険防止のために急に立ち止まった時に、相手が先に行くことを防げます。

③段差や通路の幅など「周囲の状況を伝えながら」ゆっくりと歩きます。

立ち止まる場合や待つ場合には、その理由も丁寧に伝えましょう。

段差や階段でのサポート

①「上りなのか下りなのかも含めて」段差や階段があることを伝えます。

②段数が少なければ「3段の下り階段があります」と具体的に伝えると安心してもらえます。

③手すりがある場合は「手すりを使いますか？」と確認します。

④大切なことは、段差に向かって「正面から進む」ことです。

斜めから進むと足を踏み外す危険性が広がります。

⑤目的地に着くまでに「3，2，1」とカウントダウンしがちですが、実はその感覚は人それぞれ。

その場に着いた時に「○階に着きました」と伝えましょう。

⑥一段先に歩くか、横に並んで歩くかは、相手の要望に合わせます。歩くスピードも同様です。

⑦階段、エスカレーター、エレベーターのいずれが安心なのか、これも要確認です。

宴会場での案内

イスへの案内（コース料理の場合）

①テーブルに着いたら、イスの形状や周りの状況（前方にテーブルがあることや、隣に人が座っていることなど）を説明します。

②全盲の場合は、その後「手をお借りしてよろしいでしょうか？」と声をかけて、イスの背もたれや座面に手を導いて、確認してもらいましょう。

メニューの案内

①「メニューをお読みいたしましょうか？」とお尋ねし、ご要望があったら対応します。

まずは今日のお食事のご希望やお好みなどを伺い、それに沿って料理やドリンクの説明をします。

ちなみに点字が読める視覚障碍者は全体の約10％に過ぎません。

②料理によっては「お切りしましょうか？」とお尋ねし、ご要望があったら対応します。

食事の配置

①食事の配置はクロックポジション（時計の文字盤の位置：正面上－12時の方向、正面右－3時の方向、正面手前－6時の方向、正面左－9時の方向）を利用して配膳します。

②お皿、グラス、カトラリーなどの位置を説明します。

③テーブルに置いた料理や飲み物は、お客様に断りなく勝手に移動しないようにします。

トイレへの案内

①トイレへは可能な限り「同性が誘導」します。

②トイレの便器、トイレットペーパー、水洗ボタン、くず入れ、鍵、洗面所の場所などの「情報を説明」します。

③その後は「少し離れた場所で待機」します。

～ あるホテルマンの挑戦 ～

　以前帝国ホテルにお勤めだった小牧康伸さんは、帝国ホテル大阪に勤めていた時に視覚障害者のためのテーブルマナー講師を務める機会を得ました。しかしマナーをお教えする前に、まずは食事の楽しさを知っていただきたいと思ったそうです。そこでロビーに流されている安らぎの音楽を研修会場でおかけし「ホテルを感じてください」と語りかけました。またメニューにホテルのロビーで使っているオリジナルの香りをつけ、手に取っていただきながら「これがホテルの香りです」と言って、ホテルの雰囲気を体感して頂きました。それからゆっくりと、テーブルマナーの説明に入ったそうです。

　お客様が求めているのは「楽しい食事」であり、それを手助けするのが「テーブルマナー」だという優先順位をぶれることなく守った小牧さん。その見識と想いの深さに心から感じ入りました。

聴覚障害・言語障害

　聴覚障害とは、外耳、中耳、内耳、もしくは脳のどこかに障害が生じて、音を正常に聞き分けられなくなった状態です。

　全ろう（全く聞こえない状態）、難聴（聴力が低下してよく聞こえない状態）など程度の差があります。

　またいつ障害が発生したかによって、先天性失聴と中途失聴（言語を覚えた後に聞こえなくなった状態）に分かれます。

　人は通常言葉を聞くことによって発語することができるようになるため、先天性の失聴によって発語ができない方が多くいらっしゃいます。

言語障害とは、言葉の発生や理解する過程のどこかの期間が正しく機能していない状態です。先天性の場合と、脳出血や脳梗塞などで、大脳の言語中枢器官が損傷を受けて支障をきたす場合などがあります。

サポート

①ジェスチャーなどを交え、自然な振る舞いで歩み寄ります。

②コミュニケーションは、筆談、読唇術、手話、指文字、携帯メールなどで行います。

　　また最近ではスマートフォンのアプリでコミュニケーションに役立つものもあります。

　　途中失聴の場合、手話ができない人が少なくありません。

③情報は、箇条書きなどで簡潔に伝えます。

④話す場合は、ゆっくりとはっきりと、口を大きく開きながら話します。

⑤発言が少ない場合は、表情や動作江理解するように努めます。

⑥補聴器を使用している場合は、騒音の少ない静かな席に案内します。

ブライダルシーン

聴覚に障害を持つ場合、「おめでとう」の気持ちの拍手を音で受け取ることができません。

そこで拍手の代わりに両腕を高く上げて、手首を左右に回すことで、「おめでとう」の気持ちを伝えます。

結婚式のゲストがみんなで同じ動作をすると、とても美しい情景になります。

通常、スタッフが料理をサービスする時には、注意喚起のために「失礼いたします」などと声をかけます。しかし聴覚に障害を持つ方にはその声は届きません。

あるホテルでは、ゲストの方に軽く触れることで、サインを送ることにしました。サービススタッフがお客様の身体に触れることは決してありませんが、このような臨機応変の対応も求められます。

食事で下を向いていると、他の情報は入ってきません。視覚障害者の集まりでは、先に食事を済ませ、そのあとに手話なども交えておしゃべりに興じることがあります。唇を読むことに専念もできます。

演出や挨拶などのタイミングには留意すべきでしょう。

～ 愛すべきルール違反 ～

ある時、耳の不自由な新郎新婦の結婚式がありました。
ゲストも耳の不自由な方がたくさんいらしてくださいます。

そこでプランナーとキャプテンは悩みました。
どのようなコミュニケーションをとればいいのか。

まずは司会の隣には、手話通訳を置くことにしました。

新郎新婦の入場など、注目して欲しいタイミングの時は、言葉や音楽で伝えることに加えて、会場を少し暗転してスポットライトを活用することにしました。

そして一番気になっていたのは、料理をサービスする時です。
斜め後ろからのサービスなので、普段は「失礼いたします」と注意喚起をいたしますが、それが出来ないと、ゲストの手などとぶつかる恐れがあります。

そこで、配膳する時にはゲストの肩を軽く「ポンポン」とたたくことにしました。
通常は、お客様の体に安易に触れることはできませんから、失礼にあたるのではないかと、悩みました。
でもそれ以上の案が浮かばなかったので、決行しました。

結果、サービスはスムーズに流れ、新郎新婦もお客様も満足され、感動の涙の中で披露宴はお開きになったそうです。

サービスの基本はとても大事です。
でもその基本をお客様のために破ることはもっと大事です。
愛すべきルール違反ですね。

ホスピタント

NPO法人 日本ホテルレストラン経営研究所では、「接遇介助士 ホスピタント」を育成、資格認定しています。旅館・ホテルやレストラン、結婚式場に「コンシェルジュ」や「ソムリエ」がいるように、ホスピタリティ産業では超高齢化社会やSDGsに対応すべく、全ての人にわけ隔てないおもてなし「ヒューマニティー」（人間性尊重精神）を持って接客・接遇が出来る技術や知識が必要となります。"ホスピタント"は、「ホスピタリティ」とイタリア語で「たくさんの」を意味する「タント」を掛け合わせた造語です。誰にでも優しい心を持ち、寄り添える「ホスピタント」はとても重要で、時代はホスピタリティからヒューマニティーへと変革しています。

（商標登録済）

おわりに

　30年以上に渡り、ホテル、レストラン、ブライダル業界に従事してまいりました。また、25年以上に渡り、ホテル・観光・ブライダル・ビジネス関連の専門学校や短大、大学での非常勤の講師として教育の現場に携わってまいりました。

　その中で、成熟した業界であるのにもかかわらず、宴会（バンケット）、婚礼（ブライダル）、葬祭（フューネラル）に関する宴会サービスの教科書や実務資格試験がない事が不思議でした。一部の専門学校ではしっかりとした教科書があるものの、そのような専門学校を卒業していない方々は、教科書で基本を学んだ事がなく、実践を通して現場で学び、最終的に指導する立場になられている方々が多いのが現状ではないでしょうか。それぞれの職場に独自のマニュアルやトレーニングシステムが確立されていないケースも多く、同じ職場でありながら、担当者によってサービス方法が違うケースも珍しくありません。
　宴会に必要な幅広い知識や情報を1冊の教科書にまとめられれば、新人の育成、既存スタッフの意識とレベルの向上からES（従業員の満足度）、CS（顧客の満足度）アップにつながると確信し、この教科書を作成することと成りました。

　観光庁は「観光立国推進基本計画」を策定し、2010年から‘Japan MICE Year’としています。これから業界はMICE すなわち（Meeting 会議）、（Incentive Travel 企業の報奨・研修旅行）、（Convention/Conference 各種団体等の国際会議）、（Event/Exhibition イベント、見本市等）を官民挙げて取り組んで行く必要性があります。
　我が国で開催されたオリンピック・パラリンピック以降、インバウンドも年々増加しています。この教科書はこれから業界に夢と憧れを持って就職を目指す高校、専門学校、短大、大学生、また留学生、サービスクリエーター（配ぜん人）としてホテルで働く方々、就職して改めて宴会について基礎から学ぼうとする現役の方々、学校の講師の方々、第一線で働き部下の育成を行う立場の方々、宴会セールス担当者、総支配人をはじめ各業界の管理職の方々と、幅広くお役に立ていただける内容と確信しております。
　すでに全国のホテル・式場のパートナー団体である（一社）全国サービスクリエーター協会は深刻化する人材難や業界離れの対策と、新たな取り組みとして、サービスクリエーターの社会的地位の向上・人材育成・人材確保を目的に、この教科書も活用され、企業の社内資格制度の教材にも活用されています。
　今回、この趣旨に賛同いただきました業界関連団体である日本ホテル・レストランサービス技能協会（HRS）の森本会長、日本ブライダル文化振興協会（BIA）の野田専務、全国宴会支配人協議会（BMC）の菅野会長には心より御礼申し上げると共にこれからの業界の発展に寄与していく所存です。

NPO法人　日本ホテルレストラン経営研究所
理事長　　大　谷　　晃

大谷　晃（おおたに　あきら）

東京都生まれ。一流ホテルで経験を積んだ後、イタリアン及びフレンチの支配人として勤務。内閣府認証NPO法人日本ホテルレストラン経営研究所を設立。食やマナーに関する教育、指導、講演をする傍らユニセフ、メイクアウィシュの活動に協力。専門学校日本ホテルスクール評議員。（社）日本資質表現教育協会理事。フランスよりグルメ、ワイン、チーズの騎士団より７つの騎士の称号を叙任。シャンパーニュ騎士団よりオフィシィエ・ド・ヌール勲章。シュヴァイツァー博士顕彰協会より教育・社会貢献功労勲章。国内では神奈川県藤沢市長表彰、厚生労働大臣表彰。2021秋の叙勲にて瑞宝単光章を受章。著書「大人の男の品格を上げる『知的快食術』」「高級店で尻込みしない最低限の『大人のマナー』」「大人のためのテーブルマナーの教科書」「フランス料理店　支配人の教科書」など多数。

遠山詳胡子（とおやま　しょうこ）

宮崎県生まれ。全国の企業や団体から講演や研修を依頼されるブライダル業界のカリスマ的存在。BIA（公益社団法人　日本ブライダル文化振興協会）初代ブライダルマスター。ICC（国際コーチング連盟）認定国際コーチ。サンタフェNLP/発達心理学協会認定プラクティショナー。BCB認定ファシリテータ。株式会社エムシイエス代表取締役。著書「『ブライダル接客』の教科書」「ブライダル・フェア　マニュアル」「プランナーズ　マジック」「『できる部下』を育てるマネージャーは教えない！」など多数。

二村祐輔（ふたむら　ゆうすけ）

東京都生まれ。葬祭実務に約18年従事し二千数百件の事例を体験。1996年に葬祭コンサルタント事務所を開設。同時に「日本葬祭アカデミー」を主宰し、関連企業のホスピタリティーサービスなど社員研修に参与。2006年都内専門学校に「葬祭学科」を創設（文科省認可）し、葬祭を教育の一環とした。また独自の「葬祭カウンセラー認定」は隣接業界からの受講も多い。セミナーは年間100件を超え、TVでは「葬祭コメンテーター」としての出演も多い。近年では「メモリアルビジネス論」を展開し、ホテル・バンケット業界からも注目される。著書「マイ・エンディングノート」「60歳からのエンディングノート入門」「『葬祭サービス』の教科書」など多数。

宴会サービスの教科書

2017年12月1日	初版発行
2019年5月18日	2刷発行
2021年3月6日	改訂版発行
2022年3月31日	改訂2刷発行
2025年2月15日	改訂3刷発行

著　　者　大谷 晃　遠山詳胡子　二村祐輔

編集協力　岡田裕樹・大和田浩子・鈴木はるみ

発　行　株式会社 キクロス出版
　　　　　〒112-0012 東京都文京区大塚6-37-17-401
　　　　　TEL. 03-3945-4148　FAX. 03-3945-4149

発　売　株式会社 星雲社（共同出版社・流通責任出版社）
　　　　　〒112-0005 東京都文京区水道1-3-30
　　　　　TEL. 03-3868-3275　FAX. 03-3868-6588

印刷・製本　株式会社 厚徳社

プロデューサー　山口晴之　デザイン　山家ハルミ

©Otani akira Toyama shoko Hutamura Yusuke 2017 Printed in Japan
定価はカバーに表示してあります。　乱丁・落丁はお取り替えします。

本書の全部または一部を著者に無断で複写複製することは、
著作権上の特例を除き、固く禁じられております。

ISBN978-4-434-23992-2　C0039

西洋料理・日本料理・中国料理・パーティーのマナーをこの一冊に凝縮した「大人のため」の教科書が誕生しました。

食事は人と人とがコミュニケーションを図る上で最も有効な手段です。会食や立食パーティーが開かれる目的はまさにそこにあります。単に食べるためにあるのなら、わざわざこのような場所や時間を持つことはないわけです。会食やパーティーは人と人との交流の場です。それを支えるのが「テーブルマナー」です。

言い換えれば、大人としてのテーブルマナーをきちんと身につけておけば、臆せず他の人と交流ができます。ビジネスであれば成功への一歩となり、プライベートであれば、より親しい関係を生むことができます。

知っていれば覚えられ、覚えられればそれを実行に移せます。結果、人との交流がスムーズになり、自分に対しても自信が持て、どんな会食やパーティーに出ても堂々と振る舞うことができます。　　（おわりにより）

NPO法人　日本ホテルレストラン経営研究所

理事長　**大谷　晃**　著

四六判並製／本文272頁／定価1,980円（税込）

目次紹介

第1章　「テーブルマナー」の基本
「ありがとう」は魔法の言葉
正しい化粧室の使い方
料理人と「テロワール」
心地良い会食も予約しだい
クロークの使い方
カメラのマナー
テーブルの上のトラブル
クレームにもマナーがある
「いただきます」と「ご馳走さま」
小さなお子さんは控える

第2章　西洋料理編
メニューの読み方
調味料がテーブルになかったら
ナイフ＆フォークの正しい持ち方
ナプキンの上手な使い方
スープの正しいいただき方
パンのマナー
魚料理のスマートないただき方
ステーキを美しくいただく
難しい肉料理
イタリア料理のフルコース

第3章　ソムリエとワイン
ソムリエの役割
どんなワインを注文したらいいか
人気のシャンパン
相性のいい組み合わせ
飲む時に注意したいこと
持ち込みのマナー

第4章　日本料理編
玄関でのマナー
座敷からの立ち居振る舞い
懐石料理と会席料理
会席料理のいただき方
鉄板焼きを知る
しゃぶしゃぶ、すき焼き
鮨、天ぷら、蕎麦、うどん、うなぎ
器で知っておきたいこと
箸のタブー
日本酒を楽しむ

第5章　中国料理編
代表的な中国料理
もてなしを重んじる席次
「乾杯」と「随意」
中国料理のコース
ターンテーブルのマナー
難しそうな料理のいただき方
薬膳料理とは
飲茶は組み合わせて取る
いろいろある中国酒
〈アジア料理〉韓国料理のテーブルマナー

第6章　パーティー編
ビュッフェとバイキングの違い
立食パーティーは"食べ放題"ではない
着席スタイルではペースを守って
控室での心得
会場での歩き方と「名刺」の渡し方
やってはいけない取り方
退席は「中締め」を契機に
「集合写真」と忘れ物
「バー」を楽しむ

サービスのプロフェッショナル
レストランサービス技能士／ソムリエ
バーテンダー／唎酒師／レセプタント
サービスクリエーター

サービスの基本を理解した上で、自館なりの「おもてなし」を実践することが他館との差別化につながります。

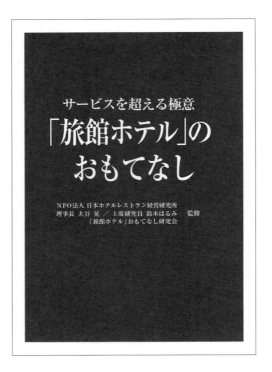

旅館ホテルの役割は「お客様を幸せ」にすることです。特別な場所で幸せな気分を心ゆくまで味わっていただくことです。お客様が旅館ホテルに求めるものは日に日に高くなっています。「おもてなし」に磨きをかけていく旅館ホテルだけが、この先、生き残るものと思われます。基本を理解した上で、自館なりの「おもてなし」を実施することが、他館との差別化にもつながると確信しています。同時に、スタッフを大切にする職場づくりもますます重要になってきます。スタッフが心地良く働いてこその旅館ホテルです。

(はじめにより)

NPO法人 日本ホテルレストラン経営研究所
理事長 大谷 晃／上席研究員 鈴木はるみ
「旅館ホテル」おもてなし研究会　監修

A5判並製　本文192頁　本体3,080円（税込）

第1章・女将の仕事、スタッフの仕事
●女将の仕事　●スタッフの仕事　●フロント　●客室　●調理場　●支配人

第2章・おもてなしの極意
●やさしい想像力　●ご予約からお見送りまで　●外国人のお客様　●敬語でおもてなし

第3章・お身体の不自由なお客様へ
●お出迎え　●チェックイン　●お部屋へのご案内　●お部屋でのご案内　●チェックアウト
●目の不自由なお客様　●耳の不自由なお客様　●高齢のお客様　●車椅子のお客様

第4章・和室の作法
●和室の基礎　●和室での立ち居振る舞い　●お辞儀の基礎　●和装の着付け・着こなし

第5章・日本の酒と茶の基礎知識
●日本酒の種類　●日本酒の味と香り　●日本酒と器　●焼酎　●お酒のマナー　●日本茶の種類
●煎茶・玉露・抹茶・ほうじ茶　●お茶をおいしく淹れる　●水との関係　●日本茶にもプロがいる

第6章・日本料理の基本とマナー
●伝統ある日本料理の種類　●料理のいただき方　●だし　●盛り付け　●器の選び方とルール
●手に持っていい器、いけない器　●箸の種類とマナー　●飲み物をサービスする

第7章・アレルギーと宗教上の食べ物
●食物アレルギーへの対応　●引き起こしやすい食品　●宗教と食べ物

第8章・地震、火災、食中毒からお守りする
●地震　●緊急時の指示・伝達　●火災　●応急手当　●食中毒

第9章・旅館ホテルのこれからの役割
●"非日常"という感動　●"体験型ツーリズム"のお勧め　●SNSで発信する　●自然から学び、感動を共有する　●地域と共に生長する　●より具体的に伝える　●想定外時の役割（ウイルス感染など）

コラム：温泉　●定義　●種類　●適応症　●マナー　●注意点　●全身浴・部分浴　●効果　●用語

〈目次より抜粋〉

この教科書は、旅館・ホテルの代表的な特徴を学び「日本の観光ビジネス・おもてなし」を理解していくことを目的としています。

「観光大国」となる日本では、訪日外国人旅行者にも、日本人にも、"日本らしい旅行"を楽しんでもらうための幅広い知識が求められています。またゲストが外国人というだけではなく、一緒に働く仲間や上司が外国人というのも珍しくない時代です。
この教科書では、日本の旅館・ホテルの代表的な特徴を学び「日本の観光ビジネス・日本のおもてなし」を理解していくことを目的としています。日本特有のおもてなし文化を理解し、シーンに合わせた心づかいの大切さや、異なる文化や風習を持つ海外からのお客様をおもてなしする知識を身につけます。
本書は、旅館ホテル・観光産業を目指す留学生はもちろん、日本人の学生や新入社員にも優しい、総ルビ入りの初めての教科書です。
旅館ホテル業界で働いている方々や、行政等で観光事業に携わる方、旅行好きの方にもぜひ読んでいただきたい一冊です。

NPO法人 日本ホテルレストラン経営研究所
理事長 大谷 晃／上席研究員 鈴木はるみ 編
A4判並製　本文184頁　本体3,080円（税込）

第1章　日本の観光ビジネスの概要　●訪日外国人旅行者数の推移　●ビジット・ジャパン・キャンペーン　●増え続けているアジアからの旅行者　●国際観光客今後の予測　●観光客・宿泊者の傾向　●観光客のニーズの変化　●「宿泊旅行」と「日帰り旅行」の比較　●日本人旅行者と外国人旅行者　●集客方法・販売チャネルの変化　●情報収集ツールの変化

第2章　日本の宿泊施設の分類　●旅館とホテルの特徴　●旅館とホテルのサービスの特徴　●旅館のタイプ　●ホテルのタイプ　●求められるスタッフのスキル　●利用客のニーズ　●法律と定員　●知っておくべきプロトコール　●無形文化遺産「和食」　●「箸」の文化　●日本料理と器　●訪日外国人旅行者への配慮　●訪日外国人旅行者が旅行中に困ったこと

第3章　組織とスタッフの業務　●旅館・ホテルの組織　●旅館・ホテルのキャリアマップ　●旅館の仕事＜レベル1＞　●ホテルの仕事＜レベル1＞　●接遇マナー・言葉づかい　●TPOとは　●予約の受け方・対応するうえで大切なこと　●アレルギー対応・食べられない食材への対応　●お身体が不自由なお客様への対応　●ホスピタリティとサービス

第4章　専門職に求められるスキル　●ホテルの各セクションの業務　●ステップアップのための基礎スキル　●企業ビジョンに基づく業務の推進　●ホスピタリティの実践　●チームワークとコミュニケーション　●お客様の安全確保と衛生管理　●施設管理と環境対策

第5章　実務の基礎知識　●お客様満足度とクレーム・コンプレイン　●クレームとコンプレインの違い　●クレーム・コンプレインが発生した場合には　●クレーム・コンプレインを防止するためには　●ホテル用語の基礎知識

第6章　日本の作法　●席順　●和室での立ち居振る舞い　●祝箸と忌み箸・箸のマナー　●年中行事・節句とハレの日の食事　●冠婚葬祭・人生儀礼

おもてなしの現場はここにあります。

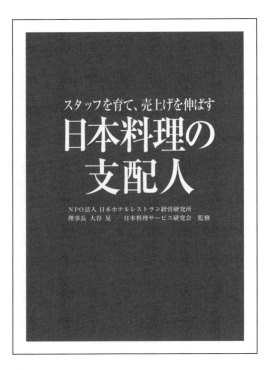

本書には日本料理の特徴である、四季の変化に応じたおもてなしの違いや、食材から読み取るメッセージ（走り、旬、名残）など、日本の食文化を理解するポイントをたくさん盛り込みました。基礎知識やマナーだけでなく、日本料理店や料亭の役割、和室の構成、立ち居振る舞いや着物の着こなしに至るまで、通り一遍ではない、「おもてなしの現場」に役立つ情報も積極的に取り入れました。支配人や料理長、調理場、サービススタッフ、それぞれの役割についても解説します。

（はじめにより）

NPO法人 日本ホテルレストラン経営研究所
理事長 **大谷 晃**／日本料理サービス研究会 監修

Ａ５判並製・本文336頁／定価3,520円（税込）

第１章・日本料理の基本を理解する　●日本料理の特徴　●日本料理の伝統様式　●日本料理の素材と調味料　●調理法を理解する　●日本料理の食卓を知る　●器の選び方とルール　●箸にも種類がある　●日本の歴史と料理の変遷

第２章・日本料理と飲み物（日本酒・日本茶）　●日本のお酒を知る　●日本酒の製造工程　●日本酒にも種類がある　●飲み方にも種類がある　●日本酒と器　●日本酒の文化を楽しむ　●現在の日本酒事情　●本格焼酎と泡盛（日本の蒸留酒）　●お酒のマナーと注意点　●お茶の歴史　●日本茶をおいしく淹れるには　●日本茶にもプロがいる　●現在の日本茶事情　●日本全国のお茶マップ

第３章・日本料理の作法を知る　●日本料理の室礼　●日本料理の食卓作法（マナー）　●先付け／前菜／お吸い物／お造り／煮物／焼き物／揚げ物／蒸し物／酢の物／お食事／水菓子・甘味　●専門料理店／寿司／天ぷら／蕎麦／うどん／鰻／鍋物／鉄板焼き　●和室での立ち居振る舞い

第４章・日本料理の接遇（サービス）　●人の「和」を大切にする　●挨拶の大切さを知る　●敬語を正しく使えるようになる　●サービススタッフの役割　●身だしなみを整える　●和服の畳み方　●着物の手入れ　●日本料理店の接遇とは　●食物アレルギーへの対応　●宗教と料理　●スタッフミーティング　●お客様をお迎えしたら　●配膳の基本　●飲み物をサービスする　●料理をサービスする　●食後のサービス

第５章・支配人の役割　●支配人がなすべきこと　●支配人の行動指標　●目標設定の考え方　●目標設定の注意点　●労働生産性　●権限委譲　●権限委譲の手順　●人事考課　●人事評価の落とし穴

第６章・メニュー戦略と予算管理　●メニュー戦略を考える　●メニュー作成のために　●原価管理　●予算管理と歩留まり　●売り切る食材・寝かせる食材　●来店予測と材料の仕入れ　●食材仕入れの注意点　●飲料仕入れの注意点　●棚卸資産回転率について　●予算作成と算出方法

第７章・おもてなしの現場　●予約から何を読み取るか？　●お客様のどこを見るべきか？　●注文時に起こりがちなこと　●上手な料理の勧め方　●お客様の表情を見逃すな！　●トラブルのパターンを学べ　●ライバル店を調べる　●マネジメント戦略とは　●売り上げのペース配分　●繁盛店の条件　●社内会議に臨むには　●「働き方改革」は支配人から始める

第８章・本当の顧客管理　●初めてのお客様と常連のお客様　●常連のお客様という存在　●最後のサービス　●会食を成功させるために

第９章・食品衛生と安全管理　●衛生管理の概要　●支配人の責任

第10章・お身体の不自由なお客様への対応　●肢体障害　●視覚障害

出版界初の本書が「西洋料理・日本料理のマネージャーも悩む事はみな同じ」と職場を超えて、読者が増えています。

今、あなたのお店は満席です。入口の外側まで、お客様が並んで、席が空くのを待っています。そんな混雑状況こそ、マネージャーの腕の見せ所です。まさに嬉しい悲鳴、の状態ではありますが、むしろそのパニックを楽しむぐらいの、心のゆとりが欲しいものです。では、そんな心のゆとりはどこから生まれるか。それには十分な知識と、多彩な経験が必要になります。経験ばかりは、教えて差し上げることはできませんが、知識と考え方なら、私の歩んできた道の中から、お伝えできることもあるでしょう。そんな気持ちで、この本を作りました。（はじめにより）

中国料理サービス研究家　**中島　將耀**
ICC認定国際コーチ　**遠山詳胡子**　共著

A5判並製／本文292頁／定価3,080円（税込）

●**中国料理の常識・非常識**／ニッポンの中国料理・ホテルのレストランと専門レストランの違い・街中の中国料理専門レストラン　●**素材と調味料の特徴**／素材は徹底的に食べつくす・調味料を知っておこう　●**調理法を知る**／中国料理の調理法・主な調理法を知る・中国料理の調理道具　●**飲み物を知る**／中国酒・ワイン・中国茶　●**宴会料理とマナー**／宴会の構成を知る・中国料理のマナー　●**料理の盛り付けと演出**／おいしい！と思うポイント・立体感や遠近感を利用する　●**中国料理のサービス**／サービングカトラリーの使い方・日本と中国サービスの違い・伝えておきたい特殊料理のサービス技法　●**マネージャーの役割**／マネージャーがなすべきこと・目標設定の考え方・サービス業の労働生産性・権限移譲とは・マネージャーは店をコントロールすべし・シフト表から見えてくるもの　●**メニュー戦略と予算管理**／メニュー戦略を考える・レシピと原価（フードコスト）売り切る食材・寝かせる食材・飲料仕入れの注意点　●**調理場との連携**／調理場を知る・調理場の事情・繁盛期の調理場　●**サービスの現場で**／予約から何を読み取るか？・上手な料理の勧め方・お客様の表情を見逃すな！・トラブルのパターンを学べ・マーケット戦略を考える・繁盛店の条件社内会議に臨むには・職場風土はマネージャーが作る　●**本当の顧客管理**／初めてのお客様となじみのお客様・最後のサービスこそ大切に　●**商品衛生と安全管理**／私のテーブルマナー教室　●**マネージャーの人材育成**／部下の心を守るのはマネージャー　●**信頼関係を構築する法則**／信頼関係のスタートは「観察」・「観る」手がかり・「聴く」手がかり　●**ラポールを創る**／目からの情報・耳からの情報　●**コーチングマネージャー**／教えることからの脱却・部下の心を柔軟に・マイナス思考をフラットに・質問の注意点・言葉を和らげる方法　●**目標設定７つのルール**／部下の特性と対応　●**メンタルヘルス**／ストレスとは・うつ病・マネージャーとしての責務　●**職場のいじめ**／いじめの対処法　●**ユニバーサルマナー**／移動時のサポート・トイレ・イスへの案内

「メモリアル・バンケット」という新しい旅立ちはこれからの葬祭ビジネスの中で、大きな位置づけをなすものです。

本書は、新しい生活様式に合わせながら、そこに参集する人に心から哀悼や追想を巡らしていただくための場として、飲食を交えた「宴会」を考察するものです。葬儀社の役割である「遺体対応」は葬祭のごく一部の業務であり、社会的な意味合いを持つ「葬祭」全体にも大きな施行意義があります。にもかかわらず、これまでその提案がされることは少なく、結果としてその需要を見過ごされてきました。
「メモリアル・バンケット」はこれからの葬祭ビジネスの中で、大きな位置づけをなすものです。特に「おもてなし」のサービスに精通したホテル・会館・バンケットの関係者にはそれを十分に担う実力があり、社会的にも新たな業務役割が果たせると信じています。
（はじめにより）

日本葬祭アカデミー教務研究室
代表 **二村祐輔** 著
コーディネーター 遠山詳胡子

A5判並製　本文192頁　本体3,080円（税込）

第1章　「葬祭サービス」の基礎知識　●定義と共有　●葬儀社の業務　●法事　●一般的な葬祭用語　●宗教的な用語　●お葬式全体の俯瞰的変化　●伝統的な葬儀

第2章　メモリアル・バンケット　●これまでの問題点　●新しい視点　●意識　●構成の四大要素　●メモリアル・バンケット用語　●営業／広報　●打ち合わせ／研修　●接遇

第3章　「葬祭」に求められる飲食　●共食の儀式性　●儀式食　●行事食　●葬祭における儀式食　●メモリアル・バンケットの料理と飲料

第4章　生前葬・慰霊式典　●生前葬（プレ・メモリアル）　●企画　●生前葬 事例　●新盆慰霊式典

第5章　お別れの会　●お別れ会 2つのパターン　●構成　●進行　●演出　●生花祭壇　●音楽／映像

第6章　施行当日　●遺影・位牌の取り扱い　●入退場について　●クローク　●受付　●返礼品のお渡し　●来場者に待機していただく場合　●来場者への対応　●来場者のマナー

第7章　クレーム対応　●グリーフワーク　●忌避感　●受注時　●見積もり　●施行当日　●施行後

第8章　これからの課題と提案　●メモリアルビジネス　●ライフエンディング・ステージ　●葬祭観念の意識改革　●人材教育のためのプログラム　●SNS社会でのコミュニケーション　●これからの課題

附章　来場者のマナー　●服装　●不祝儀袋　●通夜への弔問参列（仏教）　●神葬祭　●キリスト教葬